绿原译文集

第一卷

I

心灵之歌

〔德〕歌德 等／著 绿原／译

LÜ YUAN
SAMMLUNG VON
ÜBERSETZUNGEN

人民文学出版社

图书在版编目（CIP）数据

绿原译文集：全10卷 / 绿原译 .—北京：人民文学出版社，2016
ISBN 978-7-02-011805-2

Ⅰ.①绿… Ⅱ.①绿… Ⅲ.①世界文学—作品综合集 Ⅳ.① I11

中国版本图书馆 CIP 数据核字（2016）第 142241 号

责任编辑　仝保民
装帧设计　刘　静
责任印制　芃　屹

出版发行　人民文学出版社
社　　址　北京市朝内大街 166 号
邮政编码　100705
网　　址　http：//www.rw-cn.com

印　　刷　北京天正元印务有限公司
经　　销　全国新华书店等

字　　数　3600 千字
开　　本　710 毫米 ×1000 毫米　1/16
印　　张　268.25
印　　数　1—3000
版　　次　2017 年 3 月北京第 1 版
印　　次　2017 年 3 月第 1 次印刷

书　　号　978-7-02-011805-2
定　　价　780.00 元

如有印装质量问题，请与本社图书销售中心调换。电话：010-65233595

绿原先生像

出版说明

绿原先生是经历了二十世纪并跨入二十一世纪的文化老人。他是一位在二十世纪四十年代就崭露头角的自由诗诗人，也是获得斯特鲁加国际诗歌节金环奖的首位中国人。

绿原先生又是一位终生勤奋、一直前行的资深翻译家。他的翻译活动始于高中，曾尝试英译鲁迅先生的《聪明人和傻子和奴才》。一九四〇年代的大学期间他修习了英文与法文，一九五〇年代初掌握了俄文。五十年代中期发生的一起政治错案，使他丧失了七年的人身自由及二十五年的写作权利。在凭借意志力掌控遭遇重大变故的心理后，他利用单身监禁的几年时间自学了德语，从而在重回社会后开始从事古典美学的德语翻译、德语现代诗歌的翻译以及《浮士德》等世界名著的翻译。他的译作《浮士德》于一九九八年获得鲁迅文学奖优秀文学翻译彩虹奖。

人类在自己的发展过程中有相互了解的需要，翻译工作有助于人类文化的交流与传播。

正在重新崛起的中华民族需要了解世界，从广博深厚的人类文化积存中汲取于己有益的各种成分，因而翻译家的活动与努力是值得关注的。

绿原先生的翻译活动由少年时代的兴趣开始，严峻的社会生活历练，最终使他懂得应该自觉肩负起人类文化的传承之责，因而数十年来，他以翻译和出版为路径，努力将世界文学中的真善美介绍到国内来。武汉出版社曾在二〇〇七年出版了六卷本的《绿原文集》,由于某些原因译作大多没有收入,而绿原先生的译作量实际不少于他的著作量。作为他多年的任职单位与重要译作的出版单位,我们乐于完成这一已经开启但尚未完结的文化积累工作。

《绿原译文集》收集了译者已发表的主要译作,其中包括若干未编集的散译,翻译语种包括英文、俄文与德文。译者离世后,家人发现他若干未发表的翻译手稿,限于人力,只整理出较少的部分。

本套译文集一至四卷为诗歌,五至七卷为散文与戏剧,八至十卷为文学理论。

绿原先生的翻译生涯与他的人生经历不无关系,他的翻译与他的创作也是密切相关、相辅相成的。因此,本译文集的出版,为深入研究作家的创作与翻译、个人与社会,以及个人与时代的关系,也提供了一个有代表性的范例。

人民文学出版社
二〇一六年七月

总　目

第一卷　诗歌：心灵之歌

第二卷　诗歌：房屋张开了眼睛

第三卷　诗歌：致后代

第四卷　诗歌：里尔克诗选

第五卷　散文·戏剧：永恒的交流

第六卷　散文·戏剧：剧海悲喜

第七卷　散文·戏剧：浮士德

第八卷　理论：美学拾贝

第九卷　理论：十九世纪文学主流（第二分册）

第十卷　理论：叔本华文选

本卷目次

歌　德

流浪人的暴风雨之歌 …………………………… 3
穆罕默德之歌 …………………………………… 9
致御者克洛诺斯 ………………………………… 13
伽倪墨得斯 ……………………………………… 16
普罗米修斯 ……………………………………… 18
航海 ……………………………………………… 21
我的女神 ………………………………………… 24
神性 ……………………………………………… 28
宇宙之魂 ………………………………………… 31
极乐的眷恋 ……………………………………… 34
重新发现 ………………………………………… 36
以一千种形式 …………………………………… 39
让进 ……………………………………………… 41
一与一切 ………………………………………… 43
遗嘱 ……………………………………………… 45

（以上选自《歌德诗歌精选》，北岳文艺出版社 1994 年版）

致睡眠 …………………………………………… 48

献给友人贝里施的三首颂歌	50
如此良宵	56
幸福与梦	57
茨冈人之歌	58
过客	60
朝圣者的晨歌	68
行家和热心家	70
座右铭	72
浪游者的夜歌(之二)	73
睡眠祝词	74
夜思	75
酒杯	76
申辩	78
我一定会走得很远很远	79
罗马哀歌(二十二首)	80
风平浪静	107
谁来买爱神	108
幸运的航海	110
诀别	111
变化中的持续	112
早来的春天	115
总忏悔	117
十四行体(十三首)	119
关于十四行体	130
五月之歌	134
眼前	135
才与美之争	137
半斤八两	138

新哥白尼	139
生活常规	141
鲜蛋,好蛋	142
新词创造者	143
午夜时分	144
三月	145
四月	146
五月	147
六月	149
风神琴	152
万应灵药	154
激情三部曲	155
歧途	166
我们花园里的小屋	167
回忆	168

(以上选自《歌德诗选》,人民文学出版社2001年版)

新婚之夜	169
鹰与鸽	171
超脱的作为	174
批评家	175
作者	176
艺术家的晚歌	177
少年维特的喜悦	179
传说	180
不相配的婚姻	181
人性的界限	182
甜蜜的忧愁	184

爱人身旁 ·················· 185
虚空！虚空的虚空 ·············· 186
且让我们痛饮！ ··············· 189
为独出心裁者作 ··············· 191
墓志铭 ··················· 192
榜样 ···················· 193
时间到,办法来了！ ············· 194
信条 ···················· 195
序曲 ···················· 197
艺术批评家克洛诺斯 ············· 199
致拜伦勋爵 ················· 200
风景 ···················· 201

（以上选自《浪游者夜歌》,人民文学出版社 2008 年版）

狐死留皮 ·················· 202
千姿百态的钟情者 ·············· 204
致他的矜持者 ················ 207
非此即彼 ·················· 208
哈尔茨山冬游记 ··············· 209
永远永远 ·················· 213

（以上选自手稿）

海　涅

掷弹兵 ··················· 217
伯沙撒 ··················· 219
在绝妙的五月 ················ 222
星星待在高空 ················ 223
莲花害怕 ·················· 224

一株松树孑然伫立	225
他们折磨我	226
不知道是怎么回事	227
每当早晨我	229
夜深沉,街巷清静	230
死是清凉的夜	231
哈尔茨山游记序诗	232
暮色苍茫	234
海滨之夜	236
疑问	239
坐在白色的树木下	241
悦耳的钟声	243
我的记忆里盛开着	244
你写的信	245
从前我有个美丽的祖国	246
赞美诗	247
哪儿	248
学说	249
夜思	250
西里西亚织工	252
卑尔根的光棍	254
卡尔一世	257
世道	259
追悼	260
敢死队员	262
泪之谷	264
忠告	266
别理那些神圣的训喻	268

5

别着急	269
我的白天晴朗	270
空话！空话！	271
当真，我们两个是	273

（选自《海涅诗歌精选》，北岳文艺出版社1994年版）

易卜生

鸟与捕鸟人	277
矿工	279
音乐家们	281
绒鸭	282
羞明者	283
建筑计划	285
鸟曲	286
野花和盆花	288
在画廊里	290
致幸存者们	292
错综复杂	294
一朵睡莲	297
走了	298
天鹅	299
记忆的力量	300
家居	302
致吾友，一位革命演说家	304
谢意	305
焚烧的船	307
海燕	308
我的新葡萄酒	309

留念册题词	310
为一位作曲家题词留念	311
林肯被刺	312
光雾中的星	316
四行诗	318

(选自《易卜生文集》第八卷，人民文学出版社1995年版)

叔本华

十四行	321
施瓦茨堡的谷中岩石	322
暴风雨中从云层射出的日光	324
哈尔茨山的早晨	325
望西斯廷小教堂的圣母像	326
大言不愧的诗	327
致康德	328
图兰朵之谜	329
吕底亚的石头	331
花瓶	332
胸音（附：头音）	333
第七十三首威尼斯警句的对唱	335
吸引力	336
终曲	337

(选自《叔本华散文选》，百花文艺出版社1997年版)

切斯瓦夫·米沃什

路过笛卡尔大街	341
一只鸟的颂歌	344
河流	347

一个装镜子的画廊	349
关于独立岁月的篇页	364
茵陈星	371
歌	378
缓流的河	381
废墟中的一本书	384
阿德里安·齐林斯基之歌	388
康波·代·菲奥里	394
别了	397
世界（一首天真的诗）	400
这是冬天	413
没有名字的城	416
那些通道	427
一个故事	429
Veni Creator	430
当月亮升起来	431
多么丑啊	432
在路上	433
符咒	434
我忠实的母语	436
季节	438
一个诗的国度	439
记事	441
一件错误	442
读日本诗人一茶	443
致罗宾逊·杰弗斯	446
邂逅	449
你降下了灾难	450

告别 …………………………………………………	451
祭奠 …………………………………………………	452
窗外 …………………………………………………	454
福廷布拉斯的挽歌 …………………………………	455
尝试 …………………………………………………	457

（选自《拆散的笔记簿》，漓江出版社1989年版）

歌　德

流浪人的暴风雨之歌*

你不抛弃他,守护神,
暴风骤雨就不会
给他心头蒙上恐惧。
你不抛弃他,守护神,
他就会迎着雨云
迎着冰雹
放声歌唱
像云雀一样
你那高空的云雀啊。

你不抛弃他,守护神,
你就会用火焰的翅膀
把他挟过泥泞的小道。
他就会仿佛用花座
在漫游,游过
丢卡利翁①的洪水泥潭,

---

* 歌德(1749—1832),德国著名诗人、剧作家、小说家。本诗是一首为暴风雨侵袭后的即兴诗,充满对热力和战斗的赞颂,显示了狂飙突进的精神。
① 丢卡利翁,希腊神话中普罗米修斯之子,与其妻皮拉为宙斯所发洪水的唯一幸存者,成为再生人类的祖先。

像轻松、伟大的屠龙手
皮提俄斯·阿波罗①一样。

你不抛弃他,守护神,
当他睡在岩石上面时
你就会用绒毛翅膀垫在他身下,
你就会在林间的午夜
用守护的羽翼盖住他。

你不抛弃他,守护神,
你就会在狂风大雪之中
把他裹得暖暖和和;
缪斯们就靠拢取暖,
美神们就靠拢取暖。

围着我飞翔吧,你们缪斯,
你们美神!
这是水,这是土,
这是水与土之子,
我在上面漫游着
有如天神。

你们纯如水之心,
你们纯如土之精,
你们围着我飞翔,我飞翔
在水之上,在土之上,

---

① 皮提俄斯,为阿波罗的一个别名,因屠杀巨龙皮同而得名。

有如天神。

他会回去么，
那矮小、黝黑、性急的农夫？
他会回去么，只是期望
布洛弥俄斯老爹①、你的馈赠
和明亮、暖人的炉火？
他会大胆地回去么？
而我，由你们陪伴
你们所有缪斯们和美神们，
你们头戴花冠的福星，到处颂扬
生活的一切在等着我，
我会垂头丧气地回去么？

布洛弥俄斯老爹！
你就是守护神，
世纪的守护神，
你就是内心炽热
之于品达②，
就是福玻斯·阿波罗③
之于人世。

呜呼！呜呼！内心炽热，
灵魂的炽热，
这才是中心点啊！

---

① 布洛弥俄斯，酒神的别名。
② 品达，即品达罗斯（公元前约522—前约443），古希腊著名抒情诗人。
③ 福玻斯，阿波罗的另一别名，意即太阳神。

冲着福玻斯·阿波罗
燃烧起来吧！
否则他的王侯目光
会冷淡地
从你身上滑过去，
满怀妒忌地
端详着竟然
不待他而发绿的
杉树的力量。

为什么我的歌最后才提到你
它自你开始的你，
它到你结束的你，
它从你迸涌的你，
朱庇特·普路维乌斯①
我的歌倾泻着你，你，
而卡斯塔利亚②之泉
却涓涓流出一道支流
流向苟安者，
与你远隔的
尘世的福人，
是你抓住我，又掩护着我啊！
朱庇特·普路维乌斯！

你没有在榆树旁

---

① 朱庇特，罗马神话中主管雷雨的神。朱庇特·普路维乌斯，即雨神，此处是说诗的灵感为雨神所赐予。
② 卡斯塔利亚之泉，为希腊帕尔纳苏斯山上的神泉，阿波罗和缪斯们的饮用泉。

访问过他,
那把一对白鸽
抱在温柔胸前,
头戴宜人的玫瑰花冠,
游手好闲的他,以花为福的
安那克瑞翁①,
吞吐暴风雨的神明!

你不到白杨林中,
西巴利斯河滨②
阳光灿烂的
山顶上
去找他,
那颂赞鲜花、
吟唱香蜜、
向人友好示意的
特俄克里托斯③。

当车轮辚辚,一轮轮
向着目标飞驰④,
为胜利而激昂的
青年高高
挥响长鞭,
于是尘土飞扬

---

① 安那克瑞翁(公元前约572—前约488),古希腊抒情诗人,歌颂醇酒、妇人。
② 西巴利斯,意大利南部古城,居民以奢侈柔弱著称。
③ 特俄克里托斯(公元前三世纪),古希腊田园诗人。
④ 指奥林匹亚竞技车辆,曾为品达的歌颂题材。

有如从山上
坠入谷中的阵阵冰雹时，
品达啊，你的心灵为他继续飞驰
燃起了勇气——燃起了吗？——
可怜的心！
到那边山头去，
上天的权威！
给我一点点热力，
让我跋涉到
那边我的小屋去！

(1772)

穆罕默德之歌*

瞧那山泉
因欢欣而明亮
有如一道星光；
丛林绝壁之间
善良的精灵
滋养着它的青春
在白云之上。

它朝气蓬勃
从白云间跳了下来
跳上了大理石的山岩，
又向天空
发出了欢呼。

通过顶峰的小道
它追逐彩色的细石，
并以早熟的领导步伐

---

* 穆罕默德(约570—632)，伊斯兰教创立者。本诗以山泉作比喻，歌颂穆罕默德的纳百川于一身的伟大形象，本是作者未完成的戏曲片断《穆罕默德》的插曲，约作于一七七三年。

拉着它的兄弟清泉
一同流去。

在下面山谷里
它的足迹到处开满了花，
草地则因
它的气息栩栩如生。

但没有荫谷，
没有花朵留得住它，
虽然它们绕住它的膝
并向它频送媚眼：
它向平原强行推进，
一如长蛇蜿蜒。

小溪们合群地
偎依着它。它于是银光
闪闪流入了平原，
平原和它一起闪光，
平原里的江河
和山上的溪流
向它欢呼叫喊：大哥！
大哥，把小弟们一起带走吧，
带到你的老父处，
带到永恒的海洋，
它正张开双臂
等待我们，
可双臂，唉，徒然张开

来抱它的恋慕者；
因为荒漠里贪婪的沙
吞噬着我们,上空的骄阳
吮吸着我们的血,一个山丘
把我们拦成了池沼！大哥,
带着平原里的小弟们
带着山上的小弟们
一起带到你的父亲那儿去吧！——

你们都来吧！——
它于是涨得
更其壮美,整个家族
把这位君王高高抬起！
而在滚滚向前的凯旋声中
它为万邦命名,城池
出现在它的脚下。

它不可阻挡地澎湃开去,
把火焰般的塔顶,
大理石宫殿,它的丰盈的
创造,全都抛在身后。

这位阿特拉斯把杉木巨舟
扛在巨人肩头[①]:它的
头上呼啦啦有
千百旌旗迎风招展,

---

① 阿特拉斯,希腊神话中双肩承载天柱的巨人,这里借以比喻穆罕默德。

证明它的华贵。

于是它带着弟兄们,
爱侣们,孩子们
兴高采烈地投向等着它们的
生父的怀抱里。

(1772/73)

致御者克洛诺斯[*]

赶快,克洛诺斯!
把嘚嘚马蹄赶得更快!
现在正是下坡;
你的磨蹭搞得
我头昏脑胀。
使点劲儿,马上让车辘辘辘
跳过沟沟坎坎跑过去
赶快跑进人生去!

现在又要
一步一喘气
辛辛苦苦上山了!
上吧,别松劲,
满怀希望地跑上去!

环顾人生,眼界

---

[*] 作于一七七四年十月。克洛诺斯,希腊神话中天神乌拉诺斯的儿子,宙斯的父亲,吞食自己的孩子的巨人;先推翻乌拉诺斯成为天神,后又为宙斯所推翻;被奉为时间之神。后人将他与罗马的农神萨图恩混同,奉为收获之神。本诗将他比作驾驶人生马车的"御者"。

辽阔,高超而壮丽,
从这山到那山
飘荡着永恒的精灵,
预感到永恒的生命。

路边棚屋的阴凉
吸引着你,
还有门口少女的
目光令人心旷神怡。
打个尖吧!——姑娘,也给我
来这杯泡沫四溢的美酒,
来这新鲜健康的一瞥!

又要下坡,快点下吧!
瞧,太阳落山了!
趁它还没落下去,趁沼泽的雾霭
还没迷住我这白发老汉,
落齿的颚骨还没唠唠叨叨,
而摇摇欲坠的双腿——

沉醉于最后的光辉,
快载我走,一片火海
汹涌在我眼中,
快载我这个老眼昏花的蹒跚者
进入那漆黑的地狱之门!

御者啊,请吹起号角来,
把嘚嘚马蹄赶得更响,

好让冥府听见:我们来了,
好让主人①马上站在门口
殷勤接待我们。

(1774)

---

① 指冥王普路同。

伽倪墨得斯*

正如在晨光之中
你在我周围燃烧着,
春天,爱人!
对你的永恒热力的
神圣感觉,
那无穷的美,
以千倍的爱之狂喜
压在了我的心头。

我真想把你
抱在怀里!

啊,我在你的胸前
躺着,恋慕着,
你的花,你的草
拥进了我的心头。
你缓和了我胸头

---

* 伽倪墨得斯,希腊神话中的美少年,由宙斯带到天上任侍酒郎。本诗可能作于一七七四年春。

焦灼的渴望,
可爱的晨风啊!
雾谷里的夜莺从里面
亲切地向我呼唤。

我来了,我来了!
哪儿去呢?唉,哪儿去?
向上!努力向上。
白云向下
飘降,白云
俯向恋慕的情人。
把我!把我!
抱在你怀里
上天去!
抱着又被抱着!
上升到你的胸前,
大慈大悲的天父啊!

(1774)

普罗米修斯*

宙斯,用云雾
盖住你的天空吧,
像儿童一样
对橡树和山峰
玩斩蓟头的游戏吧:
可别动我的土地
我的茅屋(它不是你造的)
和我的炉灶,
你为其中的炽火
正嫉妒我呢。

我不知太阳下面还有什么
比你们众神更可怜了!
你们寒伧地
靠牺牲的供奉
和祈祷的气息
颐养你们的尊严,

---

* 普罗米修斯是希腊神话中从神偷火给人的巨人。宙斯把他锁在岩石上,让鹰每天啄食他的肝脏。本诗是作者未完成戏曲《普罗米修斯》的一段独白,作于一七七四年秋,曾由赖夏特、舒伯特等人作曲。

如果没有孩子和乞丐,
那些满怀希望的傻子,
你们准会挨饿。

当我还是个孩子
茫然不知所措时
我把迷惘的眼睛转向
太阳,仿佛上面有
一只耳朵,会听见我的不平之鸣,
一颗像我的一样的心,
会怜悯穷困的人们。

谁曾帮我
抗拒巨人们的骄横?
谁曾救我免于死亡
免于奴役?
不就是你亲自完成一切么,
神圣的灼热的心?
不就是你年轻而善良,受到欺骗,
才向天上酣眠者①感谢
救命之恩而灼热不已?

要我尊敬你? 为什么?
你可曾减缓过
重负者的痛苦?
你可曾止住

---

① 天上酣眠者,指宙斯。

忧惧者的眼泪?
不就是全能的时间
和永恒的命运,
我的也是你的主宰,
把我锻造成男子汉么?

你也许妄想
我会厌憎人生,
逃向荒漠,
因为并非所有
美梦——成熟?

我就坐在这里,请按照
我的模样造人吧,造出
一个跟我一模一样的种族,
去受苦,去哭泣,
去享受,去取乐——
而且不尊重你
也像我!

(1774)

航　海[*]

我的船装满货,停了几天几夜；
我和忠实的友人坐着
在海港里,等待顺风,同时
饮酒培养耐性和勇气。

他们却加倍地焦躁：
"我们希望你尽快出发,
希望你一帆风顺；大量财富
在世界各地等候你,
将来回到我们怀抱享受
爱与赞美吧。"

一清早就人声鼎沸,
水手欢呼着把我们吵醒,
大家拥挤,热闹,忙碌,
乘最初的顺风起航。

白帆在风中飘扬,

---

* 这是歌德于一七七六年九月在魏玛所作的一首颂歌体诗。

太阳以火似的爱情诱惑;
帆在移动,天上的云在移动,
所有朋友都在岸上欢唱
希望之歌,在欢乐的陶醉中
想象早上如何登舟、如何度过
头几个星夜的旅行之乐。

但天赐的方向不定的风
使他偏离了预定的航程,
他似乎要向它屈服,
却悄悄努力以智打败它,
即使在歧途中也要忠于目标。

但从阴沉、灰暗的远方
暴风雨轻步预告了它的来临,
把鸟群赶到了水面上来,
也把人们扩张的心压了下去;
它终于来了。在它的盛怒面前
船夫明智地放下了船帆,
风和浪则戏弄着
这惊恐不安的球体。

而在对岸上站着
朋友和亲人们,在陆地上颤抖着:
唉,为什么他不在这儿留下来!
唉,暴风雨!竟把他跟幸运隔开!
难道好人就这样遇上灭顶之灾?
唉,他竟然,唉,他居然!众神啊!

可他仍然刚毅地站在舵旁：
风和浪戏弄着船只，
风和浪却戏弄不了他的心！
他凛然睥睨可怕的深渊，
不管着陆或搁浅，他都信赖
他的众神。

(1776)

我的女神*

哪一位不朽者
该受到最高的赞誉?
我不同任何人争辩,
但我要把它献给
永远活泼
永远新颖的、
朱庇特最珍奇的女儿,
他的宝贝儿,
幻想女神。

因为他把
平日只为他
自己保留的
种种怪念头
全让给了她
并从这个傻妞身上
获得快慰。

---

* 一七八〇年九月寄赠施泰因夫人之诗。

她或者头戴玫瑰花冠,
手持百合花茎
走进花谷中来,
吩咐蝴蝶
并用蜜蜂的嘴唇
从花间吮吸
易于滋养的甘露;

她或者
披头散发
目光阴郁,
围着岩壁
迎风呼啸,
色彩斑驳
有如晨昏,
反复变幻
不啻月色,
向凡人显灵。

让我们大家
赞美天父!
这位崇高的老人,
他想把这样一位美貌、
永不衰朽的女儿
送给凡人
结为夫妇!

因为他以

神圣的纽带把
她只同我们相结合，
并叮嘱她
无论是祸是福
要作为忠实妻子
永不离异。

在这多子多孙的
热热闹闹的大地上
其它一切
可怜的族类
正游荡、觅食
于眼前
狭隘生涯之
阴暗的欢乐
与抑郁的痛苦中，
几为生活必需品的
重轭所压倒。

而他却将
他的最伶俐的
娇惯的女儿
许配我们，好高兴！
请把她作为情人
温存地对待！
让她享有
主妇的尊严！

切莫让年迈的
婆母智慧
伤了
那柔嫩的心!

我还认识她的姐姐,
年长一点,稳重一些,
我的沉静的女友:
哦唯愿她
随同生命之光一起
最后离开我,
高贵的推动者,
抚慰者希望女神啊!

(1780)

神　性

愿人高贵
乐助而善良！
因为只有这样
才使他有别于
吾人所知的
芸芸众生。

我们预感
但不认识的
神明万岁！
愿人跟他们一模一样；
愿人的榜样教导我们
信仰他们。

因为大自然
麻木不仁：
太阳照恶人
也照善人，
月亮和星辰
为罪犯放光

也为好人。

风和洪水,
雷和雹霰
一路呼啸而来
仓卒间
攫取万物
一个接一个。

连幸运也这样
在人群中摸索,
时而抓住卷发的
无辜少年,
时而抓住
秃顶的罪人。

我们个个必须
按照永恒的
伟大的铁则
完成我们的
生之圆圈。

只有人
能其所不能:
他区分,
选择和校准;
他能使瞬息
得以长存。

只有他能
奖善，
惩恶，
医疗和救援，
把一切迷误者，彷徨者
联合起来成为有用的人。

我们还崇敬
不朽的神明，
仿佛他们也是人，
大规模地做出了
最好的人小规模地
做过或想过的事情。

愿高贵的人
乐助而善良！
愿他不倦地做出
有益的、正确的事情，
为那被预感的神明
给我们树立一个典型！

(1783)

宇宙之魂*

向这场圣筵之各个领域
把你们自己分散!
通过最近地带热烈地把自己拽入
万有中去并把它填满!

你们已在无涯的远方飘荡着
极乐的神梦,
在群星之间新颖而又合群地闪耀
在光体密布的空中。

然后,你们飞奔吧,强大的彗星,
向更广阔的空间奔去;
太阳和行星的迷宫曲径

---

* 本诗约写于一八〇三年与谢林交往期间。谢林(1775—1854)作为"同一哲学"的创始人,承认存在与思维、物质与精神、客体与主体的绝对同一。这位二十八岁的哲学家具有"花岗岩般"的坚强性格,而且是所有哲学家中最富于艺术气质的,这些都引起歌德的兴趣。当时谢林反对浪漫派的神秘宗教思潮,主张用"实在的、真实的、用手摸得着的"东西来驳斥宗教信仰,并写了一篇《关于宇宙之魂》的论文,受到歌德的赞赏。歌德采用了这个概念,并用它作题目,写了一篇创世记式的美丽的诗篇,最后以第一对人类夫妇作结束,他们在极乐的相视互瞥中概括了一切无限的努力:"于是谢领最美的生涯,从一切回到一切。"

为你开辟了通衢。

你们迅疾地抓向未成形的地球
并发挥丰饶的青春作用,
让它变得精神抖擞,不断抖擞
在徐缓的奋发之中。

你们还在激动的空气中轮番吹绽
易谢的花朵
并为石头在它所有的洞穴里规范
永久的轮廓。

而今一切胆大如神
力图超越;
水使不毛之地放青,
使微尘活跃。

于是凭借亲切的争持
把湿雾之夜遣送!
天堂的幅员已燃炽
在艳丽的豪华之中。

为了熟视一道柔光,千姿百态的群体
顷刻何等激昂,
你们惊愕起来,在这受惠的草地,
现在竟是第一双。

而一场无限的抱负随即抹杀

于极乐的相视互瞥。
于是谢领最美的生涯
从一切回到一切。

极乐的眷恋*

除了智者,别说给谁听,
因为众人马上会嘲笑,
我想赞美这样的活人,
他渴求在火焰中死掉。

作爱之夜渐趋冷却
(它在你生殖处生了你),
你突然产生异样的感觉,
那时蜡烛亮着,静静地。

你不再被困于
昏暗的荫翳,
新的欲望把你拉去
进行更高级的交配。

再远也不会使你为难,
你飞着来了,一路迷离惝恍,
最后,由于对光的贪婪,

---

* 一八一四年七月三十一日作于威斯巴登。

你这只蝴蝶于是火葬。

只要你没有这，
没有这个：死而后变！
你便只是一个愁客
在这黑暗的世间。

重新发现

可能吗！星辰中的星辰，
我又把你抱在了心头！
唉，那远方的夜
是何等一座悬崖，何等一阵痛楚！
是的，你就是它，是我的喜悦
之甜蜜的、可爱的仇敌；
想起了昔日的悲切，
我更为眼前不寒而栗。

最深底层的人寰
躺在天神永恒的胸膛，
他乃按照崇高的创造心愿
安排最初的辰光，
于是他说话了：让它发生[1]！
这时响起了一声痛苦的噫嘻！
万有带着庞大的表情
忽然变成了实体。

---

[1] 参阅《圣经·旧约·创世记》第一章第三节："神说，要有光，就有了光。"

光出现了：于是黑暗
羞怯地与之分离，
四大元素更突然
分崩离析。
每一样带着狂乱的梦幻
迅疾地为扩张而奋争，
愕然于无垠的空间，
没有眷恋，没有响声。

一切哑默，寂静而荒凉，
天神第一次显得孤独！
这时他创造出曙光，
曙光怜悯痛苦；
它为阴郁演化出
一场响亮的彩戏，
现在可以重新爱慕
方才四下崩落的整体。

并以匆促的企望
把属于自己的一切找寻；
感觉与目光已转向
无限的生命。
只要握得住，抓得着，
那就拿去，那就拾去！
真主用不着再去创造，
他的世界我们已经造出。

于是它以曙光般的翅翼

把我拉到你的吻边,
夜以千层铃记
趁星光加固了姻缘。
尘世间有我们两人
享乐受苦堪称模楷,
第二句话:让它发生!
别把我们第二次分开。

(1815)

以一千种形式*

你想以一千种形式躲藏起来,
可是,至爱者,我立刻认出了你;
你想用魔纱覆盖自己,
无所不在者,我立刻认出了你。

在柏树最纯洁的年轻的奋进中,
长得最美者,我立刻认出了你;
在运河纯洁的波动生命中,
最善于抚慰者,我清楚地认出了你。

当水光上升而扩张时,
最善于嬉戏者,我多高兴认出了你;
当云朵造形而又变形时,
最多姿多态者,我在那儿认出了你。

在花纹面纱似的草毯上,
最灿若繁星者,我恰巧认出了你;
而千手常春藤四下伸触开来,

---

* 本诗写于一八一五年,是《东西诗集》中《苏来卡之书》的结束。

哦抱得最紧者,我这时认出了你。

当早晨在山头燃烧起来,
最令人愉快者,我马上招呼你,
然后天空在我头上明净地圆满起来,
最能拓宽心胸者,我于是呼吸到你。

你最富于教益者,我正是通过你才认识
我以外感官、以内感官所认识的一切;
当我称呼真主的一百个名字①,
每一个都回响着一个给你的名字。

---

① 伊斯兰教的真主安拉有九十九个美名。本诗对爱人的称呼仿此。

让　进[*]

女神①　今天我站岗
　　　　　在天堂门旁，
　　　　　不知咋搞的，
　　　　　觉得很可疑！

　　　　　本来同我们
　　　　　穆斯林有亲？
　　　　　还是斗争或功勋
　　　　　把你送到了天庭？

　　　　　你与哪类英雄相伴？
　　　　　请展示你的伤口，
　　　　　我见识一下你的光彩，
　　　　　才会把你引进来。

诗人　　繁文缛节抛开！
　　　　　尽管让我进来：

---

*　本诗作于一八二〇年，后收入《东西诗集》中的《天堂之书》。让进即允许进入天堂之意。
①　指伊斯兰教中把守天堂之门的天女。

因我曾经是个人，
就是说，是一名老兵①。

放尖一些你的目光！
透视一下这个胸膛，
瞧瞧人生创伤的恶作剧，
瞧瞧爱情创伤的乐趣！

虔信的曲调仍是我的歌：
我的所爱忠于我，
世界不论如何循环，
永远亲切而又可感。

我同最杰出者一道
工作着，直至做到
我的名字灿然出现
于最美心灵的爱情火焰。

别！别挑选凡夫俗子！
把手伸出来，我好用你的纤指
数着一天又一天
来把永劫清点。

---

① 梅林在论述歌德时曾引用过这两行，作为歌德一生的总结。

一与一切*

为了在无限中发现自我,
个体将欣然泯没,
这时一切厌倦涣然冰释;
不是热烈的希望,狂放的志趣,
不是累赘的要求,严格的义务,
放弃自我才能赏心乐事。

宇宙之魂,来吧,把我们渗透!
然后与宇宙精神本身决斗,
才是吾人膂力之最高本分。
善灵们同情地率领,
最高尚的大师们温和地导引,
去见创造着并创造过一切的神。

为了改造已造物,
使之武装起来不致麻木,
要有永恒的、生动的作为。
今非昔比,它愿意

---

* 本诗写于一八二一年,歌颂不断变动、发展的宇宙,歌颂在宇宙中不断进行创造的个体,及其在创造中争取与整体相结合的愿望。参阅《遗嘱》。

变成纯洁的太阳,彩色的大地;
它在任何情况下也不能沉睡。

它应当发奋,在创造中实行,
先造形而后变形;
瞬间只是似乎停顿。
永恒在万物身上发奋开去:
因为一切必将分化为无,
如果它想继续生存。

遗　嘱[*]

任何实在物不会分化为无！
永恒在万物身上奋发开去，
在生存中把你的幸福保持！
生存是永恒的：因为规律
维护着活的财富，
万有正借它把自身装饰。

真理久已被探明，
联合了高贵的精魂；
古老的真理，要把它抓住！
地之子啊，得感谢哲人，
是他教导绕太阳运行，
并给兄弟姐妹们指路。

且立即转向内部：

---

[*] 本诗写于一八二九年，同年刊于《漫游年代》。八年前所写的《一与一切》的后两行，曾在一次科学会议上被人摘引过；作者觉得意犹未尽，不得不以这两行为起点再写这样一首诗。本诗不仅歌颂了生存、万有和永恒的宇宙，更歌颂了作为宇宙一部分的人在事物发展过程中的积极作用。从题目可以理解，这是八十高龄的诗人传给后代的智慧宝库。

你在里面会找到中枢，
高贵者对它不会怀疑猜想。
别为失去规则而惆怅，
因为独立自主的天良
就是你的风纪日的太阳。

然后你得信任感官：
它们不会让你看见虚幻，
如果你的理智使你保持清醒。
且以清新的目光欢快地关注
并安全而平稳地漫步，
穿过富饶世界的草坪。

适度享受丰裕与赏赍；
让理性无处不在，
只要生命乐于生存。
然后既往持久不变，
未来提前活灵活现——
瞬间就是永恒。

如果你终于得以成功，
如果你为这个感觉所贯通：
只有硕果累累才算是真——
你便检验了普遍的事功，
它将按照它的方式操纵，
请结交最小的一群。

自古以来哲学家

和诗人私下
刻意创作一部心爱的作品,
你也将立志于最美的恩典:
因为对于高贵心灵的预感,
乃是最值得向往的职分。

致睡眠

连诸神的眼睛你都能
以你的罂粟强制闭上,
并时常为牧童引来情人,
又让乞儿登基为王。
听着:今夜我不求你
送我进入梦乡,
亲爱的,你务必
帮我一个大忙。

我坐在我爱人身边
她双眼发饧,春意朦胧,
而在妒忌的丝绸下面
她的酥胸隆起而高耸;
她拿我的亲吻
不时挑逗小爱神,
可我总怕好事难成,
那儿醒着古板的娘亲。

傍晚你又和我相遇
在那儿,哦请进入,

用羽毛把罂粟撒布,
好让娘亲早点睡去:
趁灯光摇曳未熄,
亲爱的安内特①热热和和
沉入了,像妈妈沉入了你的,
她沉入了我贪婪的胳膊。

(1766/67)

---

① 安内特,即安娜·卡塔琳娜·舍恩科普夫(1746—1810),歌德在莱比锡求学时期的第一个情人。

献给友人贝里施的三首颂歌[*]

第一首

把这美丽的树移栽一下吧,
园丁,他令我伤心。
这棵树应该有
一块更幸运的地盘。

他天然的力量还有
一种抗毒素,抵御
土壤吮吸一切的贪婪,
空气败坏一切的腐烂。

看哪,他在春天怎样
长出了嫩绿的叶子,
它们橙子的芳香
对于害虫是毒药。

毛毛虫的利齿

---

[*] 贝里施,即恩斯特·沃尔夫冈·贝里施(1738—1809),歌德在莱比锡求学时期的朋友,性格乖僻,被歌德在《诗与真》中称为"世上所能有的最古怪的怪物之一"。

碰到它们就会变钝,
它们的银色光辉
在阳光下面闪烁。

少女们希望
拿他的枝叶
编新娘的花冠,
小伙子想吃果子。

可是,秋天来了,
(毛毛虫消失了)
向狡猾的蜘蛛抱怨
这棵树竟然没有枯萎。

那华丽的敌人
从她的紫杉住宅
飘飘荡荡甩到
慈善的树上

却不能把他伤害。
可这做作的家伙
便以灰色呕吐物
布满银色的树叶,

得意扬扬地瞧着
少女如何惊心地
小伙子如何伤心地
走了过去。

把这美丽的树移栽一下吧,
园丁,他令我伤心。
树啊,感谢园丁吧,
那把你移栽的园丁!

第二首

你去吧!我要发牢骚。
去吧!让我发牢骚。
正直的人,
且逃离这片国土。

死掉的沼泽,
蒸腾的十月雾
在这儿久久不散地
编织它们的分泌物。

害虫的
孳生地,
它们作恶的
行凶外壳。

芦苇岸边
躺着淫秽的
吐火舌的蛇,
被阳光抚摩着。

快躲开朦胧月色下

那些寂静的夜路，
那儿有抽搐的蛤蟆
在十字路口聚会。

它们不伤人，
却叫人害怕。
正直的人，
且逃离这片国土！

第三首

放冷淡些！
一颗容易激动的心
是一桩不幸的财富
在这动荡不安的国土。

贝里施，可别为
春天的微笑而开颜，
也别为严冬的朔风
烦恼得皱起眉头。

别靠在少女
多愁善感的胸脯上
也别依傍朋友
承担痛苦的手臂。

妒忌已从它
危岩上的瞭望台

将林狲似的目光
集中向你凝视,

它阴险地
伸出利爪
扑向
你的肩头。

瘦臂孔武有力,
如同豹的前肢;
它摇撼着你
要把你撕碎。

死亡即离别,
没有希望
再见的离别
乃三倍的死亡。

你且高高兴兴离开
这可憎的国土,
别让友谊以花链
把你我拴在一起。

扯断它!我不抱怨。
正直的朋友决不会
拖住能够逃跑的
同囚难友。

一想到
友人的自由
他在狱中
也觉得自由。

你去吧,我留下。
但去年的轮辐
已绕着烟雾腾腾的
轮轴在转动。

我数着隆隆
车轮的撞击声,
祝祷最后一声来临,
那时牢门崩裂,我跟你一样自由。

(1767)

如此良宵

我且离开这小屋,
我爱人的居留地,
遮遮掩掩地漫步
在荒凉阴暗的林子里。
月亮透过丛林和橡树,
微风通报着她的步武,
白杨弯下腰去
给她撒上加糖的香雾。

在这美丽夏夜的凉爽里,
我多么赏心悦目!
哦这儿觉得何等安谧,
又是什么使心灵幸福!
好不容易心旷神怡!
可是,老天爷,我连一千个
如此良宵都肯让给你,
只要我的情人给我一个。

(1768)

幸福与梦

你常与我在梦中相晤
一起向祭坛走去,
你当妻子,我当丈夫。
我常醒着接受你的芳唇
在一个趁人不备的时辰,
尽情地享受香吻。

我们感受的最纯洁的幸福,
许多富裕时刻的欢娱
均如光阴随乐趣以俱去。
我享受再多亦复何用?
热烈的吻飞逝如梦,
一切欢乐与一吻无殊。

(1768)

茨冈人之歌*

灰雾蒙蒙,白雪深深,
在荒凉的林子,在冬天的夜里,
我听见群狼饿得直叫,
我听见猫头鹰在哭嚎。
　　威勒,嗷,嗷,嗷!
　　　威勒,喔,喔,喔!
　　　　威托,呼!

我一次在篱笆旁射死一只猫,
是女巫安娜心爱的黑猫。
夜间七个人狼来找我,
是村子里七个、七个婆娘。
　　威勒,嗷,嗷,嗷!
　　　威勒,喔,喔,喔!
　　　　威托,呼!

她们我都认得,我跟她们很熟,
就是安娜,乌尔塞,凯特,

---
* 茨冈人,又名吉卜赛人,是欧美一种流浪民族。

丽塞,巴蓓,艾娃,贝特,
她们团团围着我嗥叫
　　威勒,嗷,嗷,嗷!
　　　威勒,喔,喔,喔!
　　　　威托,呼!

我大声高呼她们的名字:
你想干吗,安娜? 你想干吗,贝特?
她们摇摇晃晃,她们哆哆嗦嗦,
跑着嚎着逃之夭夭。
　　威勒,嗷,嗷,嗷!
　　　威勒,喔,喔,喔!
　　　　威托,呼!

(1772)

过　客

过客　上帝保佑你，年轻的太太，
　　　连同你怀里
　　　吸奶的孩子！
　　　让我靠着这岩墙，
　　　在这榆树的阴影里，
　　　放下我的包袱，
　　　在你身旁歇一歇。

妇人　什么行当驱使你
　　　冒着白昼的炎热
　　　风尘仆仆而来？
　　　你可把城里的货物
　　　带到乡间四下贩卖？
　　　陌生人，你可在笑
　　　我的问话？

过客　我没有从城里带什么货物。
　　　黄昏变得凉爽了；
　　　请告诉我你饮用的
　　　泉水在哪儿，

亲爱的年轻大嫂!

妇人　从这山路上去。
　　　向前走!穿过丛林
　　　沿路走到我住的
　　　小屋,那儿就有
　　　我饮用的
　　　泉水。

过客　灌木之间好一片
　　　经过人手整理的痕迹!
　　　这些石头可不是你拼拢的吧,
　　　随处撒播的大自然!

妇人　再往上走!

过客　为青苔所掩盖的一块额枋!
　　　我认识你,造型的精灵!
　　　你的印章铭刻在石头上。

妇人　再往前走,陌生人!

过客　我跨过的一篇碑文!
　　　什么也读不出了!
　　　深刻的字迹,
　　　你们已经磨灭了,
　　　你们原应向千秋万代
　　　显示你们主人的虔诚。

妇人　你诧异这些
　　　石头么,陌生人?
　　　在我的小屋周围
　　　那上面石头多着呢。

过客　那上面?

妇人　靠左边上去
　　　穿过灌木林;
　　　就到了。

过客　你们缪斯和美惠女神!

妇人　这就是我的小屋。

过客　一座庙宇的废墟!

妇人　从旁边下去
　　　我饮用的
　　　泉水就从那儿
　　　涌出。

过客　你在你的坟头
　　　热烈地活动着,
　　　天才!在你上面
　　　你的杰作
　　　崩溃了,
　　　哦你永垂不朽者!

妇人　等一下，我去拿碗
　　　给你喝水。

过客　常春藤覆盖着
　　　你苗条的神像。
　　　你怎样从瓦砾中
　　　高耸入云啊，
　　　成对的圆柱！
　　　而你，那儿一个孤单的姊妹，
　　　像你们一样，
　　　神圣头颅长满阴暗的苔藓，
　　　庄严而忧伤地俯视着
　　　脚下的
　　　那些颓垣断壁，
　　　你们的兄弟姊妹们！
　　　在黑草莓的阴影里
　　　垃圾和泥土掩盖着它们，
　　　深草从上面摇曳过去。
　　　你可这样珍惜，大自然，
　　　你的杰作的杰作①么？
　　　你是麻木地毁坏了
　　　你的圣物？
　　　在里面布满了荆棘？

妇人　孩子睡得好沉！
　　　你可愿在小屋里歇歇，

---

① 前一个"杰作"指人，后者指建筑物和艺术品。

陌生人？还是宁愿
留在这儿露天下面？
天凉了！请抱抱孩子，
我好去舀水。
睡吧，宝贝，睡吧！

过客　你的睡眠真甜蜜！
你浑身非常
健康，静静地呼吸！
你，诞生于神圣过去
的残余之上，
它的精神留在你身上！
四下飘荡的那一切
每天将在
神的自我感觉中
得到欣赏。
丰满的胚芽，
灿烂春天
的美妙装饰，开放吧，
在你的伙伴面前闪耀吧！
花被凋谢了，
然后从你的胸脯升起
丰满的果实，
迎着阳光成熟吧。

妇人　上帝保佑！——他还在睡？
我没什么来配这新鲜饮料，
只有一片面包，可以送给你。

过客　我谢谢你。
　　　这四周欣欣向荣,
　　　一片绿油油!

妇人　我丈夫很快
　　　会从田里
　　　回家了。哦留下,留下,客人!
　　　和我们一起进晚餐。

过客　你们就住在这里?

妇人　就在这残破建筑之间。
　　　这小屋还是我父亲
　　　用破砖烂石垒成的,
　　　我们就住在这里。
　　　他把我嫁给了一个农夫,
　　　便死在我们怀里。——
　　　你睡着了么,小心肝!
　　　他多活泼,真贪玩!
　　　你这小淘气!

过客　大自然!你永远的萌芽者,
　　　使每个人都享有生命,
　　　对你的孩子们都慈爱地
　　　遗传了一间小屋。
　　　燕子筑巢在屋檐上,
　　　高得摸不着,还给它
　　　贴上装饰品;

　　　　毛毛虫为它们的幼儿
　　　　编织金枝过冬；
　　　　而你在过去的
　　　　高大废墟之间
　　　　为了你的需要
　　　　修葺一间小屋，哦人，
　　　　在墓茔之上享用吧！——
　　　　再见，你幸福的大嫂！

妇人　你不留下么？

过客　上帝养活你们，
　　　祝福你们的孩子！

妇人　一路顺风！

过客　翻过山这条小路
　　　通向哪儿？

妇人　到丘米①。

过客　有好远？

妇人　整三里。

过客　再见！

---

① 丘米，意大利古城，原为希腊殖民地。

引导我上路吧,大自然!
引导我在神圣过去
的墓茔之上漫游过的
异乡人的步履吧。
引导它走向
抵挡北风的避难地,
那儿有一丛小白杨
挡住正午的阳光。
然后我晚上
也可以回到
茅屋来,
这儿为落日余晖染成金色,
让我也拥有这样一个女人,
怀里抱着孩子!

(1772)

朝圣者的晨歌

——致丽拉

晨雾朦胧,丽拉,
罩住了你的钟楼。
愿我不是最后
一次见到它!
幸福回忆的
千百倩影依然
神圣而温暖地
在我心头缭绕回荡。
当你第一次
腼腆而深情地
遇见
这个陌生人
并意外地
将永恒的火焰
投入他的心灵时,
那钟楼就屹立着
做过我的狂欢的见证。
朔风啊,以千百条
蛇舌围着我的
头颅呼呼作响吧!

你不会使它低下来!
尽管你可以压住
幼枝的头颅
使之背离
太阳妈妈。
无所不在的爱啊!
烧暖我的全身吧,
让我抬头抵挡风暴,
挺胸迎接危险吧,
给我早枯的心
注进
双重的生命,
活下去的喜悦
和勇气。

(1772)

行家和热心家

我引一位朋友去到姑娘家,
想让他欣赏欣赏
这年轻又热情的生命之花,
和她浑身的喜气洋洋。
只见她坐在卧榻边,
用小手把身子支着。
那位先生先对她客套一番,
便在她的对面就座。
他翘起鼻子,盯着她瞧,
把她瞧过来又瞧过去;
我随即觉得糟糕透了,
简直有点六神无主。

可爱的先生一声谢也没有,
就把我拉到犄角旁边,
说她的确太瘦
还有满脸雀斑。
我只好告别我的姑娘,
分手时仰望苍天:
天老爷在上,天老爷在上,

这位先生实在怪可怜见!

我又把他引到画廊里,
那儿充满人的热情和智慧;
我马上觉得,不知怎么搞的,
我的整个心儿都已粉碎。
哦画师!画师!我大声叫嚷,
愿上帝对你的绘画作出回报!
只有最漂亮的新娘
才能为我们把寸心聊表。

瞧呀,我这位先生走来走去,
一面走一面剔剔牙齿,
在目录簿上一一列出
我的那些诸神之子。
我的心胸丰满而渴望,
酝酿着千百个世界。
他却在那儿说短道长,
不慌不忙地权衡一切。
于是我只好退居一隅,
不禁五内如焚。
只见人们在他周围集聚,
一个劲儿把他"行家"称。

(约1774)

座右铭

啊,人生在世何所求?
是安静待着为好?
是抓牢自己不松手?
还是有所作为为妙?

该为自己把小屋建造?
该住在帐篷里头?
该把岩石依靠?
最坚固的岩石都会颤抖。

为人不能适应一切!
且看每人如何奔走,
且看每人何处停留,
站着的,须防跌!

(1776)

浪游者的夜歌(之二)

群峰之巅
一片静穆
众梢之间
你觉不出
一丝风意；
小鸟歇于林。
且稍等，俄顷
君亦将安息。

(1780)

睡眠祝词

祝词已说完！
女巨人躺在云端；
三只狼爬出来了。
她躺进冰层、雾团和雪堆，
爱喝橡实和甜菜做的咖啡，
　　她要把它喝掉！——
　　老鼠就会跑掉！
孩子，快睡觉，
就要熄灯了！

(1781)

夜　思

我可怜你们,不幸的星辰,
你们美丽,光辉灿烂,
乐于照耀受难的船夫,
却得不到神和人的报偿:
因为你们不爱,也不懂得爱!
永恒的时刻不停顿地引导
你们的行列游行广袤的天野。
你们已完成何等辽远的行程!
自从我逗留在情人怀抱里
把你们和午夜全都忘却以来。

(1781)

酒　杯

我用双手紧紧捧住
满满一只精雕的酒杯，
从边缘贪婪地啜着甜酒，
想一口饮干烦闷和忧愁。

阿摩走进来，见我坐着，
他便微微一笑，
仿佛怜悯一个糊涂虫：

"朋友，你可知一种更美的杯盏，
值得把全副情感注进去？
如果我把它给你拿来，为你
注满另一种琼浆，你如何谢我？"

哦他真够朋友，说话算话，
因为他以温柔的同情把你，
丽达①，赠给了久久渴慕的我。

---

① 丽达，是作者对施泰因夫人的爱称。

当我拥抱你的娇躯
从你唯一忠实的芳唇
品尝久藏的爱情甘露时
我便醉醺醺对我的心灵说:

"不,这种酒具,除了阿摩,
任何神也不能制造和收藏!
就是武尔坎①用灵巧、精细的
锤子也锻不出这样的形式!
在枝叶茂密的山头吕埃俄斯②
命他最老最聪明的孚恩③
挑选最好的葡萄加以压榨,
甚至亲自监督神秘的发酵:
他再怎样细心也造不出如此佳酿!"

(1781)

---

① 武尔坎,罗马神话中的火神。
② 吕埃俄斯,希腊酒神。
③ 孚恩,罗马神话中的林神。

申　辩

你控告女人,说她水性杨花,从一个投向另一个!
别责备她们:她们可在寻访一个坚贞的男人呢。

(1783)

我一定会走得很远很远

我一定会走得很远很远
远到天之涯和地之角,
要不是把你我命运相连
的强大星宿将我制服到
在你身上我才同我自己相见。
我的创作,追求,希望和需要
只紧跟着你和你的本性,
我的生命只依附着你的生命。

（1784）

罗马哀歌[*]

> 从前我们过得多么美！
> 而今得从哀歌来回味。

（一）

请对我说，石头，请开口啊，你巍峨的宫殿！
街道，讲句话吧！镇守的神灵，你怎么动也不动？
是的，永恒的罗马，在你神圣的城墙内，
万物生气盎然；唯独对我却鸦雀无声。

---

[*] 《罗马哀歌》这一组诗写于作者一七八八年夏天从意大利回到魏玛之后，最初作为整体于一七九五年七月发表在席勒主编的期刊《季节女神》上。至今仍然可以从中鲜明地感觉到，作者当时幸福地享受着身心两方面长久被剥夺自由后的快意，记忆中充满对古代艺术与南国自然风光的眷恋之情，同时热烈地颤动着自一七八八年与克里斯蒂安娜·乌尔皮乌斯相结合以来开始醒觉的放纵不羁的爱欲，魏玛别墅的幽会经验诗意地融合在色彩绚丽的罗马生活场景中，古代神祇被召唤来为问心无愧的异教徒的感官愉悦伴唱。本诗一七九五年问世后，其中对于性爱新观点的坦率而精确的表达，曾经引起了非议。"哀歌"作为诗体起源于古代希腊、罗马，在德语文学中有两种意义：一种指按"哀歌"体写成的诗，即以一个六步句继之以五步句构成的对句；另一种指表达忧郁、悲伤或眷恋等主观情绪的诗。这两种意义均见于德国文学古典时期的"哀歌"作品中，除歌德外，席勒和荷尔德林也写过这种诗体；这种诗体在近代仍有人尝试，如里尔克的《杜伊诺哀歌》，不过写得比较自由，不仅没有严格的对句，而且也没有哀挽的意思。中译无法保持原体所要求的格律，只能力求上口而已。全文译自英泽尔出版社美因河畔法兰克福一九八一年版，其中包括一般原版所不载的两首编外诗。

哦,谁来悄悄告诉我,从哪个窗口我将看见
那个使我又焦灼又快慰的妙人儿?
我还不知道那条路么,我一而再耗费宝贵时光
沿着它向她走去又从她走开?
我还参观教堂和宫殿,废墟和栋梁,
像一个悠闲的人从容地利用旅游。
可一切即将过去;然后只有一座庙宇,
阿摩①的庙宇,来接待为他献身者。
哦,罗马,你诚然是一个世界;可要是没有爱,
世界不成其为世界,罗马也不成其为罗马。

(编外一)

我不止是预感到,我会有幸由
阿摩巧妙地引着走过所有宫殿。
他早已驾轻就熟,连我也相当清楚
壁毯后面一座金屋里藏着什么。
随便叫他什么吧,小老弟,调皮捣蛋,我太熟悉
你了,聪明的阿摩,用什么也收买不了的神!
堂皇的门楣,它们诱惑不了我们,
殷勤的阳台也不会,庄重的内庭也不会。
匆匆走了过去,低矮而纤巧的小门
同时接纳了导游者,接纳了渴望者。
他在那儿为我供应一切,帮衬一切,保存一切,
每天给我身上撒满新鲜的玫瑰花。
我在这里可不是上了天堂?——你拿出什么,美丽的

---

① 小爱神阿摩是本诗的主人公。

波尔格泽？
尼波廷娜①，你又拿出什么给你的情郎？
宴饮，聚会，游览，博弈，歌剧，舞会等等
经常剥夺了阿摩最便当的时间。
我一向厌恶装腔作势，梳妆打扮，难道最后
一件锦缎外衣还不像羊毛衣那样脱掉？
难道她不愿把情郎舒适地搂在怀里，
难道他不希望她把一切装饰扔开？
在他抚摩爱侣之前，可不得把那些珠宝、
花边、衬垫、鲸骨统统拆卸下来？
我们终于得手了！你的羊毛小衣，
由情郎脱了下来，皱巴巴落在地上。
他像保姆一样把披着薄麻纱
的小人儿，嘻嘻哈哈抱上了床。
不要丝绸垂饰，不要绣花床褥，
两个人舒舒服服，在宽大房间里自由自在。
然后，让朱庇特从他的朱诺索取更多吧，尽情
享受吧，如果他能够像任何凡人一样。
地道的赤裸的阿摩的欢悦，
加上摇晃床榻迷人的嘎吱声，令我们乐不可支。

（二）

你们想恭维谁就请便吧！我总算藏起来了！
美丽的夫人们，还有你们上流社会的绅士们，
去问候伯伯叔叔，表兄表弟，年迈的姑舅妈，

---

① 波尔格泽和尼波廷娜，不详，疑系两个平民女子的名字。

伯母婶婶吧，
再让拘谨的寒暄继之以可悲的牌局。
还有别的人也给我三五成群走开吧，
你们几乎经常令我大失所望。
各种无聊的政治见解翻来覆去，
在整个欧洲狂热地缠住这个流浪人。
恰像"马布鲁"小曲①当年缠住旅行的英国人，
当他从巴黎到里窝那，又从里窝那到罗马，
然后再去那不勒斯；如果他扬帆前往士麦那②，
马布鲁！马布鲁！他在哪个港口也会听到这首曲儿。

于是我至今每一步都不得不
听见人们漫骂民众③，漫骂王室顾问了。
现在你们不会很快发现我，我正躲在
王室守护神阿摩亲王赐给我的避难所里。
他在这里用他的羽翼庇护我；情人
有罗马人的胆识，不怕狂暴的高卢人；
她从不探听什么风声，她细心揣摩
她所委身的男人的心愿。
她对他百看不厌，这无拘无束的外国硬汉子，
他给她讲高山，白雪和木头房屋；
她分享她在他心中燃起的火焰，
高兴他不像罗马人那样顾惜金钱。
她的餐桌越来越丰富；她不缺衣少穿，
也不缺少车辆送她上歌剧院。

---

① 一支讽刺十七世纪英国名将马布鲁公爵的小曲，曾流行于全欧。
② 里窝那，意大利地名。士麦那，土耳其地名，伊兹密尔的古称。
③ "民众"指法国大革命。

母女都喜欢她们的北方佳宾,
野蛮人主宰了罗马女郎的心身。

(三)

你那么快委身于我,可别后悔,亲爱的!
请相信,我不会认为你无耻,卑贱。
阿摩的箭矢有多种功能:有些刺伤人,
并以慢性毒药使心灵长年受苦。
但另一些羽饰强劲,刚磨得锋利无比,
会深入骨髓,立即使血液沸腾。
在男女诸神相互爱悦的英雄时代,
往往一见钟情,有情就有欢乐。
你难道认为,爱神在伊达林苑爱上
她的安喀塞斯①,她可曾踯躅不前?
如果月神迟疑着不去吻俊美的睡客,
哦,奥洛拉马上会嫉妒地把他唤醒②。
赫洛在盛大节日见到勒安得耳,这个情人
便迅速热烈地跳进黑夜的河流③。
瑞亚·西尔维亚公主到台伯河边
去汲水,战神一下子抓住了她。
于是马尔斯生下了孪生子!——他们喝

---

① 据希腊神话,爱神阿佛洛狄忒在伊达山上遇见特洛伊王储、达耳达尼亚人的统治者安喀塞斯,二人相恋,生下英雄埃涅阿斯。
② 月神塞勒涅爱上俊美牧童恩底弥翁,使他长眠于洞中,以便经常去吻他。奥洛拉,即晨光女神厄俄斯。
③ 赫勒海峡岸边一少年勒安得耳爱上了对岸阿佛洛狄忒神庙的女祭司赫洛,每晚泅海过去与她幽会,后遇风浪而溺毙,赫洛亦投海殉情。

84

狼奶长大,罗马便自称为世界女王①。

(四)

我们情人都很虔诚,崇拜一切妖精②,
甘愿倾慕每个男神和每个女神。
于是我们像你们一样,哦罗马的胜利者!向世上
所有民族的诸神提供他们的寓所,
埃及人用古老玄武岩把它们砌得黝黑而严峻,
希腊人则用大理石砌得又白又动人。
但是,如果我们特地向一位女神敬献
贵重的香烟,看来也不会惹恼其他不朽的神。
是的,我们乐于向你们承认:我们的祈祷,
我们的弥撒,一直特地奉献给一位女神。
我们狡猾、欢快而严肃地举行秘密庆典,
而一切供奉者恰好以沉默为宜。
我们在因恶行而惹得复仇女神
追踪之前,宁愿在转轮上或岩石上③
忍受宙斯的严厉惩罚,也不愿放弃
那些赏心乐事给我们的愉悦。
这位女神,她名叫"缘分",请结识她一下!
她经常以不同的形象出现在你们面前。

---

① 瑞亚·西尔维亚,神话中罗马奠基人罗穆路斯和瑞穆斯的母亲。原系国王女儿,维斯塔女神庙的女尼,与战神马尔斯私通,生下这对孪生子。她因须保持处女身份,遂将二子弃于荒野,由一母狼哺养成人。
② "妖精",指能为人制造祸福的超人精灵。
③ 复仇女神,住在冥府司报应的女神,一般被认为有三位。大神宙斯惩罚犯人,或把他缚在永远转动的火轮上,如对付追求赫拉的伊克西翁;或把他缚在山岩上让鹰来啄,如对付盗火的普罗米修斯。

她可能是普洛透斯的女儿,他和忒提斯所生①
后者变化多端的狡狯欺骗过许多英雄人物。
如今这女儿又来欺骗未经阅历的痴汉:
他睡着她就来逗弄,一醒来她又跑开;
她只肯将就敏捷而主动的男人:
他会觉得她温顺,轻松,柔媚,可爱。
她曾经向我现身为一个褐肤女郎②,她的头发
漆黑而丰润地从额头披垂下来,
短卷发拳曲在柔美的纤颈周围,
没有编好的头发则挽在头顶上。
我没有看错她,一下就把这个想开溜的抓住了,
她一教就会,马上妩媚地向我回报拥抱和亲吻。
哦那时我多么幸福!——可是,打住,时间一去
　　不复返,
罗马的发辫,我已被你们缠住了。

(五)

我在古典的国土感到兴高采烈;
古今世界的高谈阔论令我迷醉。
我在此听从劝告,以勤快的手翻阅
古人的著作,每天都有新的乐趣。
但是整夜整夜阿摩却使我驰心旁骛;
虽只学得一知半解,我却加倍地喜出望外。

---

① 普罗透斯是海神波塞冬的随从,能千变万化。忒提斯是海中女神,被宙斯强迫许配给凡人珀琉斯,她曾变成火、水、狮、蛇等形状来逃避这门亲事,均为珀琉斯所识破。二人生"缘分",是歌德的杜撰。
② "褐肤女郎",即作者后来的妻子克里斯蒂安娜·乌尔皮乌斯。

当我窥见酥胸的轮廓,伸手触摸
丰臀时,我不也学到什么吗?
我这才懂得大理石雕像;我又思考又比较,
用能摸的眼睛去看,用能看的手去摸。
情人剥夺了我白天的几小时,
晚间她便还我几小时作为赔偿。
要不老是亲吻,就会倾心对谈;
如果她睡意蒙眬,我便躺着遐思悠悠。
我常常在她的怀抱里吟诗作赋,
用手指在她的脊背上轻数着
六音步韵律。她在甜睡中呼吸着,
她的气息灼热到我内心的深处。
阿摩这时拨亮了灯,想起从前
他曾为罗马三诗人①同样地效力。

(六)

"哦薄情的人,你竟说这样的话来伤我的心?
你们那里钟情的男人说话难道也这样尖刻?
如果众人告发我,我也不得不忍受!难道我就
没有罪?可是天哪!我是同你一起犯的罪!
这件衣服可以为嫉妒的邻妇作证:
寡妇已不再孤零零为亡夫痛哭了。
你可不常常是轻率地趁着月色而来,
灰不溜秋,披着黑外套,把头发挽在脑后?

---

① 指古罗马三位以爱情诗著称的抒情诗人,即卡图鲁斯(约公元前87—前54),提布鲁斯(约公元前55—前19),普洛培尔提乌斯(约公元前50—前15)。

你这不是选择了教士的面具寻开心吗?
要说有个什么主教,那么主教就是你。
在教都罗马,这点似乎不可信,可我发誓:
从没有一个教士尝到过我的拥抱。
可惜我又穷!又年轻,拐子们那儿出了名;
法尔科尼埃里常常对我目瞪口呆,
老鸨阿尔巴尼则用大把钞票引诱
我,时而去俄斯提亚,时而去四泉①。
可是女儿家都不会来。所以我从心底
总是憎恨红袜子,还有紫袜子②。
因为'终归是你们女孩儿上当',
父亲这样说过,尽管母亲认为无所谓。
于是我就这样终于上当了!你生我的气,
只是装装样子,因为你想开溜。
去吧!你们不配女人钟爱!我们
怀上了孩子,我们也怀着忠诚;
但是你们男人,却在拥抱中把爱情
连同你们的精力和情欲一同抖落干净!"
情人这样说着,从椅子上抱起小孩,
搂在怀里由衷地亲吻,眼泪夺眶而出。
我坐在那儿多难为情,这可爱的人儿
竟用仇人的话语来玷污我!
如果水突然泼向火,把它包住,
火会暂时暗暗燃烧着,雾气腾腾;
可它很快净化自己,把污浊的雾气排掉,

---

① 法尔科尼埃里和阿尔巴尼,原系罗马望族名,此处泛指。俄斯提亚,意大利一滨海城市;"四泉",罗马七山之一奎里纳尔山的四座喷泉。
② 红衣主教穿红袜,主教等高级教士穿紫袜,故称。

更新鲜、更猛烈地升起明亮的火焰。

（七）

哦我在罗马觉得多快活！我想起那时
在北国后方灰暗的白昼环绕着我，
天空阴郁而沉重，垂落在我的头顶，
世界无色无形地躺在倦游者四周，
而我宁静地沉湎于观察自我，探索
失意心灵的瞑晦的途径。
而今明亮苍穹的光华环照我的头额；
大神福玻斯唤出了形态和色彩。
黑夜有星光灿烂，响起了柔和的歌曲，
月亮照得比北国的白昼更亮。
我这凡夫俗子何等幸福！我在做梦？你的
仙宫可也招待宾客，朱庇特天父？
啊呀！我躺在这里，向你的膝部伸手
祈求。听我说吧，朱庇特·克塞尼俄斯[①]！
我也说不清，我是怎么进来的：是赫柏[②]
收留流浪人，把我也引进了殿堂。
你可曾吩咐她带引一位英雄上来？
难道美人失察了？请原谅！竟让我因错得福！
还请原谅你的女儿福耳图娜[③]！恰好
她高兴，分给我这份最辉煌的赏赐。

---

① 朱庇特·克塞尼俄斯，意为"好客的朱庇特"，即"外国人的保护者"。
② 赫柏，希腊神话中的青春女神，奥林波斯山上的迎宾者。她被认为是赫剌克勒斯升天后的妻子。
③ 福耳图娜，幸运女神。

你可是好客的大神？哦就别把我
这个宾客从你的奥林波斯撵回人间！
"诗人！你向哪儿攀登？"——原谅我；这高高的
卡皮托利诺山①是你的第二座奥林波斯。
留下我吧，朱庇特，过些时赫耳墨斯会引我
经过开斯提的墓碑②，悄悄下降到九泉。

（八）

你对我说，你小时候，亲爱的，并不
逗人喜欢，连母亲也瞧你不起，
直到你长大了，悄悄发身，这话我相信：
我高兴把你当作一个奇儿。
虽说葡萄藤上的花朵缺少风姿和色彩，
浆果熟了，人和神照样喜爱。

（九）

秋天里，农村聚会的炉边，火焰发亮了，
劈啪着，闪烁着，柴火的呼啸，烧得好快！
今晚它们更使我高兴；因为在这捆柴
烧成炭，化成灰之前，我可爱的
姑娘就要来了。那时干柴和木片熊熊燃烧，
温暖的夜晚将是我们一个灿烂的节日。

---

① 卡皮托利诺山，罗马七山之一，上有朱庇特的神庙。
② 赫耳墨斯，作为神使，负有护送亡灵赴冥府的任务。开斯提，公元前一世纪的罗马护民官，其棱锥形墓碑位于罗马圣保罗门附近，济慈、雪莱等英国著名诗人均葬于此。

明天一早她将匆忙离开定情的床榻，
从灰烬里重新拨旺火焰。
因为阿摩首先使这个可人儿有能耐
把几乎化成灰烬的欢乐撩拨起来。

（十）

亚历山大，凯撒，亨利①和腓特烈，
要是肯把他们挣得的荣誉分我一半，
我可以让他们每个在这床上欢度一宵；
但是可怜他们都已被困在阴曹。
那么，生者啊，在温柔乡里尽情享乐吧，
在冥河可怕地浸湿逃跑的双脚之前。

（十一）

美惠女神啊，诗人把几页诗歌放在
你洁净的祭台上，外加玫瑰花的骨朵儿，
他放得信心十足。艺术家总高兴他的
工作室看起来像一座万神殿②。
朱庇特低下神圣的前额，朱诺却抬起了它；
福玻斯跨步前来，摇晃着卷发的头；
密涅瓦索然俯视，轻佻的赫耳墨斯
把目光转向一旁，又狡猾又温存。

---

① 亨利，指法国国王亨利四世（1553—1610），凭借杰出的军事征讨和经济整顿，将分崩离析的法国从一百多年的宗教战争废墟中拯救出来，重建和平。
② 美惠女神，司美丽与快乐的女神，女性优美的化身，一般被认为共有三位。万神殿是供奉众神的庙宇，罗马万神殿为数不多的古代建筑艺术古迹之一，此处用以比喻造型艺术家将自己创作的众神雕像陈列在自己的工作室里。

朝着柔顺的做梦的巴库斯,库忒瑞却抬起
情急的媚眼,连大理石都给润湿了①。
她多想得到他的拥抱,似乎在问:
"可要个宁馨儿②在一旁相守?"

(十二)

小亲亲,可听见弗拉米尼大道③上传来欢呼声?
那是收割人;他们又走上了归程,
远远离去。他们完成了罗马人的秋收,
罗马人不屑于自己为刻瑞斯④编结穗冠。
伟大女神赐予金色小麦作口粮,让人不再
吃橡实,如今却无人为她举行庆典。
让我俩悄悄欣然为她祭祀一番吧!
两个情人也算是一群聚会的民众。
你也许听说过那个神秘的佳节,
它从前由征服者从厄琉西斯⑤传来?
它为希腊人所创,希腊人甚至在罗马城内
也一直叫唤:"来欢度这神圣之夜!"
俗家人远避了;静候的新入门者哆嗦着,
他披着一件白袍,那是纯洁的象征。

---

① 这里所称的众神都是指罗马著名的雕像。福玻斯即日神阿波罗;密涅瓦即智慧女神雅典娜,巴库斯即酒神狄俄倪索斯;库忒瑞是美神阿佛洛狄忒的别名。
② 酒神与美神的儿子普里阿波斯,酿酒业、园艺业和渔业的庇护神,还是肉欲与淫乐之神。罗马庭园常见其雕像,为身着长袍、胸捧水果的大胡子男人。
③ 弗拉米尼大道,罗马通向郊野的一条街。
④ 刻瑞斯即丰产与农业女神得墨忒耳。
⑤ 厄琉西斯,希腊古城,位于雅典东北部十九公里处,有得墨忒耳神殿,每年秋收后人们为女神举行神秘庆典。

然后这个入门者怪异地在罕见形体的圈子里
徘徊;他仿佛浮动在梦境里:因为这儿
有蛇群四下盘绕在地面,密封的小盒
围满了麦穗,由少女们捧着从这儿走过,
祭司们举止暧昧,念念有词;
门徒焦急不安地期待着点化。
正是经过种种考验,他才得以知晓
那神圣一群以离奇形象所隐藏的一切。
那秘密是什么啊,无非是伟大的得墨忒耳
曾经心甘情愿地迁就过一位英雄,
无非是她曾经向伊阿西翁,克里特岛雄壮的王,
献出她不朽身躯的美妙私密①。
那时克里特岛多么幸福! 女神的婚床
铺满了麦穗,大片秧苗盖住了田亩。
可是其余世界憔悴不堪;因为刻瑞斯
一味赏玩情爱而疏忽了高尚的任务。
入门者不胜惊讶地听完这段故事,
向情人睐睐眼——亲爱的,你可会意?
那簇浓密的桃金娘遮出一小片圣地,
我们称心如意不会给世人带来任何危险。

(十三)

阿摩始终是个滑头鬼,谁信任他,准会受骗!
他装模作样向我走来:"这次你尽可相信我。

---

① 伊阿西翁,古代克里特岛上的农神,与得墨忒耳相恋,生下财神普路托斯。宙斯为此大怒,以雷电将伊击毙;得悲痛万分,不再赐予大地收成,直到众神准许伊暂时还阳,与得重聚。得墨忒耳的悲痛和伊阿西翁的还阳,象征着季节的更替。

我坦白对你说：我看出，你为了对我表示崇敬，
向我呈献你的生命和诗歌，实在不胜感荷。
可不是吗，我现在跟你来到罗马；我很高兴
在这异邦为你稍尽绵薄。
每个旅客总抱怨招待不周；
谁受到阿摩垂青，他总会心满意足。
你惊讶地参观古代建筑的断瓦残垣，
你赏心悦目地游遍这神圣的场地。
你更景仰卓越艺术家们雕塑的
珍贵遗迹，我经常造访他们的工作室。
这些雕像，须知是我塑造！请原谅，我这次
并非夸口；你得承认，我给你说的句句是真。
你现在侍候我有点懒散，那些美丽形体，
你的创作中的色与光，哪儿去了呢？
哦朋友，你可想重新创作？希腊人的学府
依然开放着，岁月并未将门户关闭。
我作为教师永远年轻，也爱青年人。
我不喜欢你少年老成！打起精神来！放明白些！
那些幸运儿活着，古代将历久弥新！
活得幸福些吧，前人就在你身上长存！
诗歌的素材，你从何处得来？必须由我给你，
而高尚的风格，只有爱情把你来教。"
诡辩家如此说着。谁会反驳他？可惜
我惯于追随，只要主人一发命令——
现在，他似守约而背信，为诗歌提供了素材，
唉，却同时剥夺了我的时间，精力和意识；
一对情侣在交换飞眼，握手，亲吻，
动情的话语，逗人的音节。

这时耳语变成了饶舌,口吃变成了情话:
这种不讲韵律的赞歌再也听不见了。
奥洛拉,从前我总把你认作缪斯的女友!
轻佻的阿摩可曾引诱过你啊,奥洛拉[①]?
如今你作为他的女友向我现身,从他的
祭台边唤醒我,来迎接喜庆的白昼。
我发现胸口披拂着她丰盈的秀发!
小脑袋正搁在搂着脖子的手臂上。
安谧的时辰,摇我们入睡的一段春情的遗迹,
你们获得了多么欢悦的醒觉啊!
她蒙蒙眬眬地翻身,沉睡在大床的幅面上,
脸车开了,但仍和我手握着手。
衷心情爱和忠诚渴望永远联系着
我们,只有情欲才会朝三暮四。
握一下手,我看见美妙的眼睛
重新睁开。——哦不! 让我面对原来的体态!
闭着吧! 你们使我迷惘而沉醉,你们过早
从我剥夺了纯粹观照的宁静乐趣。
这些形体,何等伟大! 四肢转动得何其高贵!
阿里阿德涅睡得多美:忒修斯,你舍得逃走吗?
给这嘴唇一次甜蜜无比的吻,你再走吧,忒修斯!
瞧她的眼睛,她醒来了! ——她永远紧抱着你。[②]

[①] 奥洛拉,即晨光女神厄俄斯。传说她看中了美少年,就将他拐走。后来她拐走特洛伊王拉俄墨冬之子提托诺斯,生特洛伊战争英雄门农。
[②] 英雄忒修斯作为雅典人向半人半牛怪弥诺陶洛斯献祭的童男,来到克里特岛,被囚于牛怪所居的迷宫;他杀死牛怪后,得到该岛国王弥诺斯之女阿里阿德涅的帮助,凭借她为他拴在迷宫门口的线团,终于脱险。事后他把她带走,但到了爱琴海上的那克索斯岛,却趁她熟睡之际独自离开。

（十四）

给我点燃灯，伙计！——"天还亮着。你白费了
灯油和灯芯。别放下百叶窗！
太阳消失在我们屋后，但还没落山！
还得过半小时才听得见晚钟。"——
倒霉鬼！听从使唤吧！我在等我的情人。
小灯，黑夜可爱的使者，请把我抚慰！

（编外二）

为诗人们齐声呵斥的两条危险的蛇；
世人几千年来颤栗地称呼
你，皮同，称呼你为勒耳那怪蟒！但愿你们
为活跃神灵的劲手杀掉！①
你们再不会以火热的呼吸和毒涎摧毁
牧群、草场和森林，再不会摧毁金色的种子。
可是怎样一位敌性神灵愤怒地为我们
安排了这一大片有毒的泥潭啊？
它到处蔓延着，在最可爱的小园里
长虫阴险地窥伺着，一下咬住了享乐者。
向你问好，赫斯珀里斯的龙，你英勇无畏，
你坚决捍卫着金苹果这笔财富！②

---

① 皮同，大地该亚所生巨蟒，为日神阿波罗所杀。勒耳那怪蟒，古希腊伯罗奔尼撒东部勒耳那沼泽地的多头怪蟒，为赫剌克勒斯所杀。
② 赫斯珀里斯，神女，赫斯珀里得斯姊妹的母亲。她们住在大地极西的果园里，守卫着果园里一株结金苹果的苹果树，与她们一同守卫的还有一条叫拉冬的巨龙。后来，拉冬亦为赫剌克勒斯所杀，金苹果被他拿走。

但是这一条却什么也不捍卫——有它在的地方,
果园和果实都不值得捍卫。
它隐蔽地蜷曲在灌木丛里,沾污了清泉,
流着涎,把阿摩沁人心脾的甘露变成毒汁。
哦!你多幸运,卢克里修斯①!你能彻底放弃
爱情,对任何肉体都来者不拒。
你有福了,普洛珀修斯!奴隶为你从塔培伊古堡林苑
找来了阿丰台鲁斯所说的淫妇。
而当秦蒂娅以那些拥抱吓你一大跳,
她诚然发现你不忠实,但却发现你很健康。②
现在谁会不提防,破坏乏味的忠诚!
谁不为爱情所掌握,谁就为忧虑所留难。
而且还因为,谁知道!每种欢乐都是冒险的,
哪里都不会有人把头安静地放在女人怀里。
婚床不再可靠,私通也不可靠;
丈夫,妻子和朋友,都在互相伤害。
哦!那才是黄金时代!奥林波斯山上的朱庇特,
时而去找塞墨勒,时而去找卡利斯托③。
他一心只想发现圣庙的门槛
是清洁的,他好热切而威武地跨了进去。
如果在爱情的争斗中丈夫把有毒的武器

---

① 卢克里修斯(公元前100—前55),罗马诗人,伊壁鸠鲁的信徒,据说因饮其妻所进媚药而疯癫,自杀身亡。
② 普洛珀修斯,罗马三诗人之一普洛培尔提乌斯、奥维德、维吉尔等人之友,曾写诗献给情妇秦蒂娅。阿丰台鲁斯(原名约翰内斯·图尔迈尔,1477—1534),德国历史学家,拉丁语法专家.正文所述情节不详。
③ 塞墨勒,忒拜国王卡德摩斯之女,与宙斯相恋,生酒神狄俄倪索斯。卡利斯托,阿耳卡狄亚的神女,与宙斯生子阿耳卡斯,被宙斯之女阿耳忒弥斯变成母熊。此处歌颂宙斯(即朱庇特)自由恋爱的黄金时代,与歌颂其子赫耳墨斯(即墨丘利)的下文相对应。

指向了她,朱诺该会何等狂怒啊!
但是,我们古老的异教徒,我们并不完全孤单。
总还有一位神忙忙碌碌地在人间
到处飘荡,你们都认识他,崇敬他!
他,宙斯的使者,赫耳墨斯,救苦救难的神。
父亲的神庙倒塌了,成对的圆柱
勉强标志着古代崇拜的辉煌场所,
儿子的神庙将建立起来,永恒的时日
始终在那里轮流交换祈祷者和感恩者。
只有我孤单一人,静静向你们美惠女神们祈求,
我把这热烈的祷告从胸口深处转向上苍:
永远保护我小小的,我优美的小园吧,使各种
灾祸从我远离吧;阿摩向我伸出了手,
哦!一旦我相信这促狭鬼,请永远赐我
以乐趣,让我无忧无虑又无危险。①

(十五)

我从不会跟随罗马皇帝远游不列颠,
弗格鲁斯则会轻易把我拖进小酒店!②
因为比起一大群忙乱的南国跳蚤,
我更厌恶忧郁北国的浓雾。
从今天起,我更衷心地欢迎你们啊,小酒店,

---

① 本节含义隐晦,"两条危险的蛇"似指纯粹的无爱情可言的肉欲;"金苹果"似指需要"捍卫"的纯真的爱情。此节为一般原版所不载。
② 罗马皇帝哈德里安(117—138在位)曾经长久驻跸于不列颠。罗马诗人弗罗鲁斯献诗云:"余不欲为皇帝,去不列颠徜徉,饱尝斯库提亚的风霜。"皇帝答诗云:"余不欲为弗罗鲁斯,流连鸡毛店,匍匐小酒馆,让肥胖的跳蚤饱餐。"(斯库提亚为古代俄罗斯南部地名,此处泛指北国。)

98

奥斯特利亚①,罗马人把你叫得多巧妙;
因为你们今天让我看见情人由舅父陪着,
好人儿常常瞒着他跟我待在一起。
我们这一桌,亲密地围坐着德国人;
那一边,乖乖正在母亲身旁找座位,
好几次移动凳子,巧妙地做到
让我看到她的半张脸和整个颈项。
她按照罗马妇女的习俗,高声讲话,敬酒,
又向我瞟了几眼,打翻了酒杯。
葡萄酒流满了桌面,她于是用柔指
在木桌面上画出湿漉漉的圆圈。
她把我的名字和她的绕在一起;我一直贪婪地
盯着那根小手指,她也注意着我。
最后她灵巧地画出了罗马数字"五",
前面还加上一小竖。我瞟了一眼之后,
她连忙画上一圈又一圈,把字母数码都擦掉;
可是,珍贵的"四"字仍然映入我的眼帘②。
我静默地坐着,咬住火热的嘴唇,
半是打趣开玩笑,半是情欲所致,竟把自己咬伤了。
到天黑还有很久啊!还得等上四个小时啊!
高高的太阳,你在徘徊,你在浏览你的罗马!
你没有见过、也不会见到比它更伟大的,
恰如你的祭司贺拉斯曾经狂喜地保证过。
可是今天,请别耽误我,早点乖乖地
把目光从七山③移开吧!

---

① 奥斯特里亚,罗马蒙特沙维罗街的一家酒店名称,意为"好客者"。歌德当年经常光顾该店。
② "四"字的罗马写法正是在"五"(V)前加一竖。
③ "七山",罗马古城建在七座山丘上,故称七山城。

为了一位诗人,请缩短画家以贪恋目光
幸福享用的美妙时光;
快快热切地仰望一下这些高大的门楣,
圆顶和石柱以及上面的方尖碑;
赶紧跳入海中,明朝更早地来看
几百年来为你提供过神圣兴味的一切:
这片潮湿的、久已长满芦苇的海岸,
这些为树木和丛林遮得黑黝黝的山丘。
起初这里人烟稀少;后来你突然看见
一群幸运的强盗来这里落草。①
他们把一切都搬到这个地方来;
其它方圆各处再也不值你一顾。
你看见一座城市在这里兴起,又看见一座沦为废墟,
从废墟中几乎重新出现一个更大的世界。
愿命运女神细心地慢慢纺完我的生命线,
我好更久瞧瞧这个为你照耀的世界。
但它快到了,那个被美妙划出的时刻!——
真幸运!我已听见它么?不,我听到了三点。
亲爱的缪斯,你们又把我和我爱人
长久睽离的这段时刻骗走了。
再见吧!我就要动身,不怕得罪你们了;
因为你们再高傲,碰见阿摩也得让三分。

(十六)

"情郎啊,为什么你今天不到葡萄园来?

---

① 罗马奠基人被其邻人称为强盗和浪子,他们曾在一次节日抢劫他们的客人塞拜恩人(古意大利中部民族)的女儿,以弥补自己的妇女之不足。

我可答应过,我将独自在上面等你。"——
好人儿,我去过了;凑巧我在那里碰见舅父
在树桩旁焦急地转来转去。
我便连忙溜掉了! ——"哦你可大错特错了!
把你撵走的不过是个稻草人!大家忙忙碌碌
用旧衣服和芦苇缝出了那个人形;
我还热心帮过忙,想不到反而害了自己。"——
现在老头的愿望实现了;他今天可吓跑了
钻进小园想偷走他外甥女的害鸟。

(十七)

我讨厌许多声音,可最令我憎恨的
却是狗叫;它汪汪不停把我的耳朵都撕碎。
却有一只狗我常常听见它狂吠而感到
欣喜,就是邻人养的那只狗。
因为有一次我的情人偷着来同我幽会,
它冲她狂吠过,几乎泄露了我们的秘密。
现在,我一听见它叫,就会想到:许是她来了!
要不就记起意中人那天来临的时光。

(十八)

有一件事最令我烦恼,还有一件
一直令我恶心,只要一想起
就叫我毛骨悚然。朋友,我向你坦白:
令我烦恼的是长夜独宿。
但是,正当献身欢乐的美妙瞬间,

忧愁竟凑近你低垂的额头私语，
在情爱的路上竟害怕有毒蛇出没
在乐趣的蔷薇丛中，这才真令人恶心。
所以，福斯蒂娜①使我幸福；她乐于与我
同床共枕，表现出对忠实情人的忠诚。
莽撞的小伙子愿意有诱人的障碍；我却爱
长久舒服地享有被保证的财富。
多么幸福呀！我们交换可靠的亲吻，
我们放心地啜饮和灌注呼吸与生命。
我们这样欢度长夜，我们胸贴胸，
倾听暴风、骤雨和滂沱声。
于是晨光熹微；时间送来了
鲜花，为我们装饰华丽的白昼。
哦罗马公民们！赐予我幸福吧，愿上帝
向每个人慨允世上一切善意吧！

（十九）

我们难以保持清白名声了，因为我知道，
法玛②同我的主宰阿摩吵了架。
你们可也知道，她俩怎么结的怨？
这可是些老故事，且听我说个明白。
威武的女神老爱发号施令，
让大伙儿实在受不住；
她从来就在所有神宴上
以青铜般的声音为大小神祇所憎恶。

---

① 福斯蒂娜，不详，一说为罗马一年轻孀妇（1764年生）。
② 法玛，谣言与传闻的女神。

有一次她忘其所以,竟然自夸
把朱庇特的翩翩公子变成了奴隶。
"诸神之父啊,"她扬扬得意地喊道,"我要把
我那脱胎换骨的赫耳枯勒斯带来见你。
赫耳枯勒斯不再是阿尔克墨涅跟你生的①;
他对我的崇敬使他在人间成为神。
他高瞻奥林波斯山,你会认为,他在高瞻你
强有力的膝盖吧;对不起!那最了不起的男人
只是向空中望我;只是为了得到我,他威武的双足
才轻快地跨过了无人敢闯的道路;
但我也会在他的中途去迎候他,并在他
开始行动以前,预先为他传播名声。
你就让我嫁给他吧:阿玛宗人的征服者
也将属于我,我高兴管他叫丈夫!"②
众神沉默着;他们不肯刺激这吹牛的女人:
因为她一发脾气,就会想出刻毒的花样来。
她却没有察觉阿摩:他偷偷溜到一边;略施小计
就让英雄拜倒在美人的石榴裙下。③
现在他把这一对伪装起来:先把狮子的垂鬃
披在她的肩上,再费劲把狼牙棒靠在她身边。
接着他给英雄的怒发插满了鲜花,
把捻线杆塞到他手上,正好开个玩笑。④

---

① 赫耳枯勒斯(又名赫剌克勒斯)原系宙斯和忒拜王安菲特律翁之妻阿尔克墨涅所生。
② 赫耳枯勒斯征服阿玛宗人,夺取了阿玛宗女王希波吕忒的腰带,是他的十二件功绩之一。法玛所说一段,是她所捏造的谣言。
③ 阿摩略施小计,使赫耳枯勒斯钟情于美神维纳斯,也是杜撰。
④ 以赫耳枯勒斯的狮皮和狼牙棒来打扮美神,再给她头上插满鲜花,并把捻线杆放在她手中:这是阿摩的恶作剧。歌德这样写,是以赫耳枯勒斯在吕狄亚女王翁法勒宫中卖身为奴而男扮女装一段情节为依据。

他很快打扮好这逗乐的一对;然后他一面跑着,
一面冲整个奥林波斯山大喊大叫:"妙事发生了!
开天辟地以来,不落的太阳从没有
在永恒的轨道上看见过这种奇迹。"
大家赶了过来;他们听信了这顽童,因为他
说得一本正经;连法玛,她也没落后。
可谁高兴看到这男人如此丢人现眼呢,
还有谁,除了朱诺?瞧她给阿摩的一副笑脸。①
法玛站在一旁,又羞愧又狼狈,走投无路!
她先笑着说:"各位大神,这不过是面谱!
我的英雄,我太熟悉了!是悲剧演员
在捉弄我们!"但她随即痛苦地看出,原来是他!——
当明智的网罟及时把他们罩住,
迅速缠住落网者,牢牢抓住享乐者的时候,
武尔坎从网眼里瞅见他的小女人和
强壮的朋友摽在一起,他一点儿也没生气。②
青年人好开心!墨丘利和巴克斯!他们俩
一定会承认:躺在这位美妇的酥胸上,
真是个绝妙的想象。他们恳求道:
别放他们,武尔坎!让咱们再瞜瞜。
于是那个老家伙像个活王八,把他们抓得更紧。——
但法玛,一肚子怒火,匆匆逃掉。
从此两人之间的过节一直没有解开;
每当她看中一位英雄,小家伙就立即去抢。
谁最崇敬她,他就把谁紧紧抓住,

---

① 朱诺仇视其夫朱庇特与情妇所生之子,故乐见赫耳枯勒斯受到羞辱。
② 火神武尔坎发现其妻维纳斯与战神马尔斯私通,便用大网把奸夫淫妇罩住,让众神观看。歌德这里张冠李戴,把这个传说移到赫耳枯勒斯身上。

越是道貌岸然,他越是抓得要命。
要是想开溜,就叫他吃不了兜着走。
他把女人送上门来;谁要是愚蠢地推辞,
就得尝尝从他弓上射出的毒箭;
他挑动这个斗那个,使人们兽性大发。
谁要是为他害臊,谁就得吃苦头;他让伪君子
在罪过和磨难中苦中作乐。
而她,那位女神,也用眼睛和耳朵追踪他;
一旦看见他跟你在一起,她马上满怀敌意,
用严峻的目光和轻蔑的脸色吓唬你,并把他
经常光顾的门户狠狠地臭骂一通。
而今我也落这个下场:多少吃过些苦头;这女神
嫉妒成性,她尽量刺探我的秘密。
可这是一条老规矩:我一言不发,毕恭毕敬;
因为君王不和,希腊人遭殃,像我一样。①

(二十)

男子汉靠膂力和自由勇敢来装饰,
哦!他更应该有深藏的秘密。
严守秘密的沉默啊,你是城市征服者!万民的女主!
引我安度人生的、亲爱的女神,
我遭遇到怎样的命运!缪斯竟开心地打开了、
调皮的阿摩打开了我那紧闭的嘴巴。
啊哈,国王的丑闻已经难得隐瞒了!
王冠也罢,佛律癸亚人的头巾也罢,都掩不住

---

① 出自贺拉斯《诗艺》,意为君王之间失和,殃及庶民。

弥达斯变长了的耳朵；贴身侍者发现了它，
这秘密立即使他惴惴不安起来。
他便把它埋在地里，好让自己轻松一下：
可土地也守不住这个秘密；
芦苇长出来了，在风中絮絮叨叨：
弥达斯！国王弥达斯长了对长耳朵①！
要我守住一个美妙的秘密，更是难上加难；
唉，满肚子私房话很容易从嘴里喷出来！
我不敢讲给任何女友听：她会痛斥我的；
也不敢告诉男朋友：他会给我带来危险。
要向丛林、向回响的岩石讲我的陶醉，
我毕竟不年轻，我还孤独得不够。
只有对你啊，六步句，还有你，五步句，我才讲得出
她是怎样日日夜夜使我欢乐而幸福。②
她被许多男人追求，却避开了
狂汉无耻地、奸徒秘密地设下的圈套；
她又机灵又妩媚地溜了过去，知道爱人
肯定在哪条路上热切地等着会她。
月神啊，且慢升，她来了！免得邻人看见她；
微风啊，把树叶吹响些，别让人听见她的脚步。
而你们，亲爱的诗歌，发芽开花吧，在温和而
亲切的微风之最轻微的气息里摇晃自己吧，
像那饶舌的芦苇，向罗马公民们最后泄露
一对幸福情侣的美妙的秘密吧。

（1788—1790）

---

① 佛律癸亚国王弥达斯认为牧神潘的笛子比日神阿波罗的七弦琴奏得更悦耳，阿波罗便让他长出驴耳般的长耳朵，王冠和头巾都遮不住。这段故事出自奥维德的《变形记》。
② 本诗系用排律式的哀歌对句体，单行为六步句，双行为五步句，故云。

风平浪静

大海纹丝不动,
水上君临寂静,
舟子忧心忡忡
四顾平滑如镜。
八方风信皆无!
寂静如死堪惊!
遥望浩淼深处
寸波尺浪不兴。

(约 1795)

谁来买爱神?

市场上琳琅满目
各色商品美不胜收,
可没一样令人喜爱
除了这些远从国外
我们为你们运来。
哦请听我们叫卖!
瞧这些漂亮鸟儿
正等人来买。

先请瞧那大鸟,
欢乐又轻佻!
它从树上跳下来
灵巧而愉快;
马上它又跳上去。
我们不必多赞许。
哦瞧这些快活鸟儿!
正等人来买。

再看这个小不点,
一心装老练,

可也很放荡,
跟那大的一个样;
它往往悄没声处
显出最妙的意图。
这放荡的小鸟
正等人来买。

哦且看这个小斑鸠,
这可爱的雌斑鸠!
这丫头多窈窕,
又懂事又讲礼貌;
她可欢喜打扮
想博你们称赞。
这温柔的小雏儿
正等人来买。

我们不必多推荐,
她们经得起考验。
可对她们的忠诚
别要求什么保证;
她们都有点喜新厌旧,
翅膀一张都会飞走。
鸟儿鸟儿多迷人,
买得回家多开心!

(1795)

幸运的航海[*]

迷雾已散,
天空晴朗,
风神细心,
解开风囊。[①]
微风吹动,
舟子奔忙。
"赶快!赶快![②]
乘风破浪,
远方已近,
陆地在望!"

---

[*] 可能作于一七九五年夏。
[①] 希腊神话中的风神埃俄罗斯,将风装在皮囊里面,用带子扎紧;将带子适当解开,即可放出风来。荷马《奥德赛》第十歌叙述俄底修斯在归航途中,同舟者将风神赠送的风囊偷偷解开,没有小心慎重,结果吹出飓风,把他们的船仍旧吹回到风神之岛。
[②] 焦急的旅客之言。

诀　别

食言很好玩，
守约太难，
任何违心事，遗憾
我们不能干。

你唱起那古老的魔曲，
把他引诱得忐忑不安，
再坐进甜蜜愚蠢的摇荡小舟，
重新面临双重的危险。

为什么要对我一味躲闪！
大方些，别避开我的视线！
早晚我一定会发现，
你这次又收回了诺言。

今后再也不会找你麻烦，
我已完成应尽的本分；
务请将你的朋友原谅，
他转而悄悄回归自身。

（1797）

变化中的持续*

抓紧这早临的天福，
唉，哪怕只有一时许！
可温吞的西风
已摇落丰沛的花之雨。
当初供我歇阴的绿叶，
我是否果然喜欢？
可到秋天它黄惨惨地摇曳，
不久暴风雨使之飘零四散。

你如想向果实伸手，
就把你的一份快拿！
这些开始成熟，
那些已经发芽；
每当一阵骤雨过后
你妖娆的山谷就会变样，
唉，就在同一条河流，

---

* 约写于一八〇一年。万物皆变，变中有恒，即变本身，这本是客观的辩证法。但作者这里是在写诗，不是从事哲学演绎；他最后不由自主要感谢缪斯女神，是她使他的艺术永垂不朽。

你也不会游上第二趟①。

而你自己！也始终用不同的眼光
注视城墙，注视宫阙，
注视曾经如岩石般坚强
在你面前显扬过的一切。
从前嘴唇在亲吻中
康复，而今已销声匿迹，
还有那只脚，在巉岩
曾与羚羊矫健相匹敌。

那只欣然轻轻挥动
令人愉快的手臂，
那肢体轻盈的体态
而今都已面目全非。
那以你的名字
命名的一番业绩，
曾像一股波涛汹涌而至，
又匆匆化为沙尘。

让开始与结束
合而为一吧！
比客体本身更迅速
从你身旁流逝吧！
感谢缪斯的恩宠
把永垂不朽惠赐：

---

① 希腊哲学家赫拉克利特的名言。

你胸怀中的内容
和你心灵中的形式。

早来的春天

狂欢的日子,
你来得好快?
小丘和林子,
太阳可送来?

特别是小溪
哗哗地流淌。
可还有谷地?
可还有草场?

朝气淡青!
天空和山峰!
金色鱼群
湖中蜂拥。

彩色鸣禽
林中呢喃;
奇妙歌声
回荡其间。

在绿叶下
嗡嗡采蜜,
蜜蜂偷呷
群花精髓。

轻微的感触
在空中摇曳,
迷人的情愫,
醉人的芳泽。

猛然吹过
微风一阵
蓦地失落
在灌木林。

随即吹回
我的胸襟。
劳驾缪斯诸位,
助我交上好运!

昨日起,我发生
啥变化,请回答?
亲爱的姊妹们,
宝贝儿来啦!

(1801)

总忏悔

今天在这高尚的圈子里
请静听我的规劝!
请注意这严肃的心情,
它平日很是稀罕。
你们决心干很多事情,
可大都一事无成,
我得把你责难。

人生在世总会
有一回感到后悔!
那么亲切而虔诚地
承认你们的大罪!
快从错误的迷津
聚精会神,及时猛醒,
争取向正道返回。

是的,我们常常醒着做梦,
这可大家都知道,
新斟的杯盏也没饮干,
即使美酒还在冒泡;

许多匆促的幽会时分，
可爱芳唇的飞快一吻
我们都给错过了。

当庸人们喋喋不休
把神圣诗歌妄论，
为自己的空谈得意扬扬，
并因这幸福的时辰
人人可以自炫一番
进而邀请我们发言，
我们却静坐着默不作声。

如果你的忠实朋友们
能够得到你的宽恕，
我们愿按你的指示
不断努力戒除
那些半途而废的恶习，
力争完整，善良和美丽，
坚决重新生活下去。

对于凡夫俗子统统要
满怀信心地加以敲打，
对美酒的珍珠般泡沫
不止是浅尝一下，
不是悄悄以眉目传情
而是把可爱的芳唇
紧紧吸住直咂。

(1802)

十四行体[*]

> 余欲将爱情热烈歌唱,
> 每个倩影均自天而降。

猛可一惊

一道溪水从云崖突突流出,
急匆匆前去与海洋聚汇;
一任沿途如何路转峰回,
它不停地笔直流向山谷。

突然间奥雷娅[①]如施妖术——
山峦林木旋风般把它追随——

---

[*] 十四行体,意大利的一种诗体,系由浪漫派引入德国。歌德曾在悲剧《私生女》中,让女主人公用一首十四行表过自己的感情。一八〇七年十二月,在耶拿书商弗罗曼家里,他听到浪漫派戏剧家扎哈里亚斯·维尔纳朗诵十四行。这时,两位名家试图用这个形式竞赛一下。这个外在的动机恰巧符合了他正想加以表现的一段内心经验:歌德对弗罗曼的养女明馨·赫茨利布产生了热恋。在这一组主要献给赫茨利布的十四行中,同时搀入了与歌德初识的贝蒂娜·勃伦塔诺的书信若干段,其中谜语风格同样吸引了诗人。

[①] 奥雷娅,希腊神话中的女山精。她阻挡溪流前去与大海汇合,恰如感性的热恋阻挡人对既定目标的追求。

猛扑下来助助兴味，
于是挡路围出宽大的水域。

波浪飞溅，仓惶退却，貌似屈服，
旋即涨满山坡，犹自陶醉；
朝父的孺慕竟为之耽搁。

它踌躇而停歇，给堵成一个湖；
星斗映衬，凝视潋滟湖水
拍击岩岸，一段新的生活。

亲切邂逅

用大氅连下颚一起裹紧，
我走上灰暗而险峻的岩间小径，
一直走到严寒的河边草坪，
不免忐忑不安，想向附近逃遁。

突然新的白昼大放光明：
一位少女①来了，恍若天人，
堪称典范，一如诗人作品
之婵娟。我的眷恋得以宁静。

可我却闪向一旁，给她让道，
并把自己更紧裹在大氅里，
仿佛要靠自己保温，显得执拗；

---

① 指意大利伟大诗人们的情人，如彼特拉克的劳拉，但丁的贝雅特丽齐。

但仍跟着她。她停下。这就成了！
再不能用大氅裹住自己，
我把它扔掉——她投进了我的怀抱。

简而言之

难道我该处处把她适应？
到头来只怕是自寻烦恼。
而今我偏要尝试一遭，
不去亲近那娇惯的美人。

但是，我的心，我怎能求你息怒。
事关重大我竟不向你请教？
好！来吧！我们且用亲切语调
又悲又喜把苦衷互诉。

你瞧，行了！谨遵诗人台命，
奏毕的竖琴漾出悦耳的旋律
正好把爱的供品怡然祭享。

你几乎想不到，瞧！一曲已成；
只是现在咋办？——我想，我们火速
前往，到她面前去唱。

少女如是说

情郎啊，你看来何等严峻！我想用
大理石像来把你比拟：

像它一样，我看不出你有半点生气；
和你相比，石头反倒显得宽容。

盾牌后面藏着敌人的影踪，
朋友应向我们把头抬起。
我来找你，你却把我躲避；
且学这座雕像，站着别动。

我应跟两位哪一位对答？
难道我得经受两种冷淡，
既然它是死的，而你叫做活人？

且住，何必又多讲废话？
我要把这座石像吻个没完，
直到你妒火中烧，把我从它拆分。

成　长

你还是个可爱的小孩，跟我一块
春天早晨跳跃着走向草场和园圃
"对这样一个小女儿，我要父亲般照顾，
为她建造幸福的住宅！"

当你对世界略知梗概，
你的乐趣就是家务。
"有这样一个姊妹，我感到安舒：
我会信赖她，像她把我信赖。"

而今什么也止不住美丽的成长；
我心中感到汹涌的热恋。
我可去拥抱她，使痛苦销歇？

可是，唉！我必须把你①当作女王：
你是那么生硬地屹立在我面前；
我不由得折腰于你的草草一瞥。

旅途口粮

我如不再接触美目的光辉，
我的生命就再得不到润色。
所谓命运最不容易和解，
我深有所知，不禁仓惶后退。

也不知还有什么别的机会；
我马上开始把这些或那些
必需物品——戒绝：
我想只有她的目光才不可驳回。

美酒的酩酊，佳肴的饕餮，
安逸，睡眠及其他馈赠，
还有社交，我都弃如敝屣，一丝不留。

这样我才能从容旅游世界。②

---

① 指耶拿书商弗里德里希·弗罗曼的养女明馨·赫茨利布。歌德从她童年起就认识她；到一八〇七年一度对她产生热恋。
② 歌德于一八〇七年十二月十八日离开耶拿。

只要随身带有少不了的——爱情，
我需要的一切随处可以到手。

离　别

亲吻千遍，仍不知厌，
最后只得以一吻分手！
黯然销魂，难解离愁，
正是我毅然逃离的河岸。

住宅，川流，小丘和大山，
只要映现眼前，便都美不胜收；
随后在蓝天下我尽情享受
那远远逝去的淡淡的昏暗。

最后大海拦住了我的目光，
热烈的思慕又回到我的心窝；
我惘然寻觅我的所失。

突然仿佛天空发亮；
我觉得什么也没有错过，
我曾享有的一切仍然保持。

情人来书[①]

你的目光投进我的眼里

---

① 以下三首系据贝蒂娜·勃伦塔诺(海德堡浪漫派代表勃伦塔诺之妹)给歌德的来信改写。她的幻想小说《歌德与一个孩子的通信》于一八三五年出版。

你的嘴对我的嘴亲了一吻,
谁像我一样就此获得确证,
还有别的什么令人感到欣喜?

和你疏远,和我的亲人隔离,
我一任思绪起伏不停,
它们凑巧总碰上那个时辰;
那个独特的时辰;我于是哭泣。

不意泪珠又蓦然干去:
到这宁静时分,想他情意绵绵,
难道你不应向远人问好?

请听这两地相思的细语;
我世上唯一的幸福就是你的意愿,
你对我的良好意愿;请给我一个佳兆!

情人再次来书

亲爱的,可别这样认真追究:
为什么我又要诉诸笔墨?
只因本来没有什么要对你说;
它终于还是寄到你的双手。

因为我不能来,才把尺素投邮。
就此奉上我不可分割的心魄,
连同欣悦,希望,陶醉和折磨:
这一切没有起点,也没有尽头。

从今以后我一点也不想对你讲,
我忠实的心如何向你转过去,
带着思念,祈求,妄想和意愿。

我曾站在你面前,把你凝望,
一言不发。还有什么衷肠好叙?
我整个人品已在自身圆满实现。

她欲罢不能

如我就此把白纸给你寄去,
却没有让一个字写在上面,
你为了消遣或许把它写满,
再寄还给我,这幸福的情侣。

然后我把蓝色信封瞥眼一顾,
于是好奇心起,一如女性所习惯,
我急忙拆开,加以通览;
这时我读到平日令我陶醉的称呼:

亲爱的孩子!我听话的心!我的乖娃娃!
你多么亲切地拿甜言蜜语
抚慰我的眷恋,令我十分痛快。

我相信甚至读到你的悄悄话,
你用以温存地充实我的灵府,
并使我为自己倍觉光彩。

报应女神

狂暴的瘟疫肆虐人间,
人应小心回避团聚。
我经常故意踌躇并耽误,
以防染上一些流感。

虽然阿摩更常甘言相劝,
我最终仍不愿跟他打交道。
不料竟缠上了那些"拉克里莫"①,
我用三四重韵脚把它们盘算。

而今蔑视者即将受到惩罚,
复仇女神以蛇发火炬为武器②
从山到谷,从陆到海把他追逐。

我听见精灵们笑声哈哈;
爱情的癫狂和十四行癖
却为我将任何思虑免除。③

圣诞节礼品

可爱的小亲亲!在这小盒的隔层

---

① "拉克里莫"原文为拉丁文"泪水"。此处指浪漫派戏剧家威廉·封·舒茨(1776—1847)的一个剧本,以西班牙作品为蓝本,包括九首十四行,故该词亦可泛指"十四行"。
② 据希腊神话,复仇女神有蛇发,持火炬,追逐作恶者。
③ 这一首系歌德对自己尝试十四行的自嘲,他原来对这种诗体是有怀疑的,见后文。

装有种种蜜饯形状各别。
到圣诞节另有果品一些,
只是烘过的,准备分送孩子们!

然后我想用甜蜜的韵文
备办糖面包来欢度佳节;
只是何必要把那些客套学?
更别让阿谀奉承搞得人头晕!

但还有一句好听的,由内心
传给了内心,在远方也听得到,
只要它飘呀飘,一直飘到你身边。

于是你感到一次友好的提醒,
仿佛熟识的星星快乐地向你闪耀,
礼品再菲薄你也不会视之等闲。

警 告

末日吹响了长喇叭,
尘世间万事皆空,
我们有责任请求宽容
我们说过的每句废话。

我曾经说过许多话,
由于情痴而向你争宠,
可你听了恰如耳旁风,
试问众人如何来盘查?

那么,小亲亲,扪着良心想一想,
你迟迟疑疑,简直不可捉摸,
世间从没有过这样的苦难。

如果我不得不评估并原谅
我向你唠叨的一切胡说,
末日即将变成一整年。

(1806—1810)

关于十四行体

怀疑者

你们爱写十四行！真败兴！①
为了把心灵的力量加以表现，
竟把韵脚押得有板有眼；
孩子们，要相信，意志一直软弱无能。

心灵显示自己的丰盈
几乎无拘无束：它乐意自我保全；
然后狂飙立即拂过所有琴弦；
然后又沉入黑夜与寂静。

何必折磨自己和我们，在陡坡小路
一步一步滚动累赘的巨石，
石头退了回来，重新费力又一遭？②

---

① 歌德一度撰写过十四行，此前此后却怀疑这种形式未必能表达真实的情感。这两首正反映他的这个观点。题目《关于十四行体》是译者加上的。
② 据希腊神话，科林斯国王西绪福斯认为自己能凭借诡计牵制死神，但到了地府却因此受到惩罚：不得不推重石上山，而重石一再滚下山来，终未推上去。

钟情人

相反,我们才走上了正途!
为了喜滋滋熔化最坚硬的东西,
一定要让爱之火猛烈燃烧。

少 女

我确实怀疑交叉诗韵的真诚!
我诚然乐意窃听你的音节游戏;
只是我觉得,心灵的诚挚情意,
亲爱的朋友,可不应加工锉平。

诗人为了不致令人烦闷
往往把他的内心彻底掘起;
但他还懂得冷却自己的创痍,
用咒语来治愈最深的一层。

诗 人

亲爱的,请看焰火技师如何作法?
他先曲曲折折挖好坑道,
然后学会按规格呼风唤雨;

只是元素的威力要更强大,
说时迟那时快,带着他的全部技巧,
他已在半空中粉身碎骨。

纪 元

在所有其他节日之前,耶稣受难节
以火焰般的文字最诚挚地写进
彼特拉克的心胸。同样,我敢宣称,
对我而言,便是一八零七年的基督降临节。

我不是开始,只是继续体贴
她,她早已贴近我的心,
而今我重新放上心头的人,
然后会重新明智地被忘却。

彼特拉克的爱情无限高尚,
可惜无报偿,且很悲惨,
一阵心痛,一次永恒的受难节;

可永远不断现身吧,舒畅,
甜美,用棕榈欢呼,幸福得发颤,
女主对我降临了,一次永恒的五朔节。①

哑 谜

两个字,念起来又短又便当②,

---

① 意大利伟大诗人彼特拉克因其对劳拉的爱情而著称,他在一次耶稣受难节(即复活节前之星期五)第一次见到她。歌德则在一八〇七年的基督降临节(即圣诞节前四个星期日之间)第一次意识到自己爱慕明馨·赫茨利布。"五朔节"即五月一日,自古流行在西欧某些国家的春节。
② 这两个字即"赫茨"(心)和"利布"(爱),合起来就是情人的芳名。

我们常常喜吟吟把它们呼叫,
可从没有明白认识这个目标,
虽然它们本来带有它的印章。

彼此灼伤未免孟浪,
虽说古今都觉做得好;
能把它们连在一起来叫,
便叫出了一股极乐的馨香。

可而今我试图要使它们称心,
换言之,我要对自己感到幸福,
我悄悄希望,希望能做到:

结结巴巴念出情人的芳名,
在一个图像里把她们两个看出,
在一个人身上把两个拥抱。

五月之歌

穿过小麦和谷粒,
穿过灌木和荆棘,
穿过树林和青草,
快给我说!
宝贝儿哪去了?

我的好人儿
不在家;
妙人儿一定
出门啦。
五月春光
明媚而精彩,
宝贝儿游春
快活又自在。

河畔岩石旁,
她送吻的地方,
草丛里那次初吻,
我看见一点身影!
是她不成?

(1811)

眼　前

一切在把你宣告！
艳阳在照耀，
我希望，你快跟上。

你出现在花园，
你是玫瑰中的玫瑰，
又是睡莲中的睡莲。

当你翩跹起舞，
所有星辰随之而动
陪着你跳，围着你跳。

夜！即使夜来了！
你也照耀得赛过月光
那优雅宜人的光。

你优雅而宜人，
而花朵，月亮和星辰
都只向你，太阳，致敬。

太阳！唯愿你是我的
美好时日的创造者；
是生命,是永恒。

(1812)

才与美之争

才智先生值得人人佩服,
他的恩惠我们十分景仰,
听说有人敢于
把**美**摆在他头上,
他便为此大闹一场。
这时来了**灵感**先生,我们早知道
他是才智的可敬代表,
开始(可惜还不够殷勤)
向小滑头朗读课文。
这并不曾感动轻佻,
她马上去把老板找:①
您平日还得懂事而圆滑,
须知世界并不够大!
您要不听话,我就撒手把您抛开;
可您放聪明些,就会把我爱。
一定要相信,天长地久,
这样美满的一对再也没有。

(1814)

---

① "她"指美;"老板"指才智,后文是才智对美的教训。

半斤八两

一朵小钟形花
早就从地面发芽
开出了
芳香可爱的花;
飞来一只小蜜蜂
美美地把它吮吸:——
看来双方一定
彼此很合意。
为了拐跑,
我得付钱,
这适于西方,
也适于东方,
为了输掉,
我得付钱,
这可是几笔
十分错误的开销,我想。

(1814)

新哥白尼

我有一座像样的小屋，
在里面躲藏起来，
可以舒舒服服
避免太阳晒。

那儿有个小边门，
小弹簧，小百叶窗，
我可以悄悄一个人
幽会俊俏的姑娘。

说也奇怪！令我喜悦——
树林怎么在动，
遥远的田野
逐渐移近我的胸。

山脉长满树林
也舞蹈着过去了；
只差激动的地精
在欢畅地呼叫。

但它们都缄默无语
从我面前跑掉,
大部分笔直,有时也扭曲,
这样我觉得更妙。

如果我好好观察
并且看得很认真,
也许这一切都已停下——
是我在迅速移动自身。

(1814)

生活常规

如果想过美好的人生，
一定别为过去操心，
更别无端伤脑筋；
一定要永远享受当今，
特别不要树立怨敌，
并把未来交付上帝。

（1814/15）

鲜蛋,好蛋

我乐意把热情
比作蚝,亲爱的先生们,
如不趁新鲜品尝,
可真跟糠菜一样。
灵感决不是鲱鱼干,
可以一腌腌上好几年。

(1814/15)

新词创造者

我遇见一个年轻人,
我问他贵干;
他说:我将尽可能
在我死去之前,
为自己弄一片小庄园。
我说:这主意敢情好;
希望他完全做得到。
因为我听说,他已从老头
加上老娘那里弄到手
最漂亮的骑士田庄。
我便把这称之为独创。

(1814/15)

午夜时分

午夜时分,我这小小孩
可不愿走过那教堂墓地
往牧师家去;星星紧挨,
照耀得十分美丽;
午夜时分。

后来我远涉生活的重洋,
不得不向牵引我的爱人走去;
星星和北极光在我头上较量,
我来来去去啜饮幸福;
午夜时分。

直到最后满月的清光
明亮地照进我幽暗的心田,
还让顺从、周到、迅疾的思想
萦回着往日,萦回着来年;
午夜时分。

(1818)

三　月

一场雪落下，
虽不合时令，
可为了小花，
可为了小花，
我们很高兴。

阳光拿假象
来把人欺骗，
燕子在撒谎，
燕子在撒谎，
为啥？它们太孤单！

即使春天在望，
怎能独自逍遥？
让我们成双，
让我们成双，
夏天马上要到。

（1820 前）

四　月

告诉我,告诉我你说些什么,眼睛?
因为你说的简直太好听,
简直是无比悦耳的众乐齐鸣;
你还以同样的感觉探询。

可我自信能把你领悟:
透过这双明亮的眼睛
有一颗心栖于爱与真
而今迷恋于
必定使它中意的女郎,
在如许麻木、蒙昧中央
终于找到一缕目光,
也懂得把它赞赏。

当我专心
把这些密码研究,
让你同样被引诱
来破译我的眼神!

(1820 前)

五　月

轻盈的白云飘
过刚变暖的气息，
为霞光温柔地环绕，
太阳和蔼地透视着雾气。
波浪沿着广阔河滨
悄悄翻滚又汹涌而去；
洗得又亮又干净，
摆过去摇过来又摆过去，
反映出一片新绿。

空气宁静，微风也宁静；
怎么我觉得枝条在拂动？
对于这份丰裕的柔情，
从树林穿过了灌木丛。
现在眼光突然明亮，
看哪！一群小爱神，
它们动得真快当，
仿佛早晨刚诞生，
一对对插翅飞腾。
着手把屋顶安上——

这个茅屋有谁想要？
就像规规矩矩的住房，
板凳、小桌当间儿摆好！
于是我不胜错愕，
太阳落山，我几乎发愣；
看来还有百来个①
把小亲亲往房里送，
日里夜里，好一个梦！

（1820 前）

---

① 似指小爱神。

六　月

山的那边住着她，
她把我的爱情来报答。
说吧，山，到底是啥东西？
在我看来，仿佛是层玻璃。

可我不会离得很远；
因为她来了，我已看见。
如果我不在，可真糟糕，
她微笑着，是的，她全知道！

且说当间儿现出
一片长矮林的凉谷。
还有溪流、草场等等，
水磨和轮子是最美的象征。

马上又出现一片面积。
辽阔的田野不再憋气。
于是走出来，再走出来，
直到我走近花园和住宅！

究竟怎么一回事?
这一切并不使我欢喜——
我欢喜脸庞和两只
小眼睛的光彩,
我欢喜轻巧的步态,
而且我正看见她,
从发辫直到脚丫。

她走了,我在这里。
我走了,跟她在一起。
她漫步在陡峭的丘陵,
她沿着山谷急走。
那儿似乎有翅膀扑腾,
那儿似乎有歌曲演奏。
唯她使之幸福的人
正在悄悄地期望
这些充沛的朝气如云,
这些肢体的富丽堂皇。

爱情对她实在太美,
我从未见过什么更美!
突然间从她的心窝
悄悄绽开了一束花朵。

我想:就是这样的!
它已沁入我的心脾:
如果她爱我,我难道妄想,
还有什么比这更强?

新娘会变得更俊,
如果她完全把我信任,
如果她开口对我说
她高兴什么又苦恼什么。

她现在过得怎样,过去如何生活,
我了解她,的确不少也不多。
有谁会从灵到肉整个赢得
这样的宝贝儿,这样的小娇娥!

(1820 前)

风神琴

对　话

他　我原以为我没有悲哀；
　　　想不到还是愁绪满怀，
　　　我的眉头紧锁难开，
　　　脑子里一片空白——
　　　到后来泪如泉涌，
　　　忍不住道一声珍重。——
　　　她告别虽然泰然自若，
　　　现在也像你一样涕泗滂沱。

她　是的,他走了,实在没辙!
　　　亲人们,还是让我一人待着;
　　　要是我使你感到奇怪,
　　　这样也不是好办法!
　　　现在我简直少不了他,
　　　才不得不痛哭起来。

他　我内心并不悲愁,
　　　可也不能喜笑颜开:

别人从每棵树上去采
成熟的果子,那又于我何所有!
白昼令我烦忧,
黑夜点灯也很无聊;
我剩下唯一的享受,
就是一再温习你的美貌。
你如愿共享这场幸运,
就请到半途把我来迎。

她　我没露面你才伤心,
也许隔远了我显得不忠诚,
否则我的心并非不明事理。
彩虹可不装饰着蓝天?
一下雨,马上有新虹出现;
你哭吧!我就会到你那里。

他　是的,你正好和彩虹相比!
一个多么美妙的奇迹;
如此温柔妩媚,和谐而绚丽
永远新颖又永远同样,像你。

(1822)

万应灵药

"说说看！你怎能把自己一再更新？"
你也能，如果你总是欢喜大事情。
大事情总是新鲜，使人兴趣盎然，生气
　勃勃；
小事情小里小气总冻得人哆哆嗦嗦。

(1823)

激情三部曲*

一 致维特[①]

赚过多少热泪的亡魂,你又一回
大胆现身于光天化日之下,
到鲜花盛开的草地和我相会,
竟对我的瞠视毫不惧怕。
你音容宛在,正当年幼,那时候
田野上的朝露令我们心旷神怡,
在一天烦人的苦役之后
落日的余晖使人沉迷。
我被注定停留,你却要走,
你先我而去——没有多少可丢。

人生看来是一次庄严的抓阄:
白昼多么明媚,黑夜就多么浑厚!

---

* 本题下属三首诗的写作时间并不符合这里所排列的顺序。歌德所以把它们编成三部曲,是为了表明,各种各样着魔般的痛苦如何干扰并毁灭人的生活,这类痛苦又如何可以在艺术、音乐领域得到治疗。
① 本诗原系歌德为一八二四年出版的小说《少年维特的烦恼》五十周年纪念版所写的序言。

我们置身于幸福的天堂，
几乎享受不到显赫的阳光，
混乱的志向时而既克制本性，
时而又要较量一下环境；
看来不可能如愿地相互成全，
即使内心光明，外面也是昏暗一片，
光明的外表入不了我的浊眼，
幸运近在咫尺——人们也看不见。

如今想必看清了它！倩影的魅力
猛然把我们侵袭；
青年人快乐如童年鲜花盛开，
在春天作为春天本身走出来，
是谁给他带来这一切？他狂喜而惊讶，
环顾一下，原来世界属于他。
他自由自在，匆匆奔向广阔的远方，
休想把他拘束，无论宫殿，无论城墙；
恰如鸟群掠近了林梢，
他也浮荡起来，围着情人飘摇，
他乐于离开苍穹，由此寻求
忠诚的目光，它却把他拘留。

可是警告开头太早，后来又太晚，
他觉得落进圈套，飞翔受到阻拦。
再见是快乐的，离别很不幸，
重新再见更令人高兴，
瞬刻间补偿了长年离愁；
可最后有一声"珍重"在阴险地守候。

你深情地微笑了,朋友,恰如其分:
　　可怕的离别使你一举成名;
　　我们悼念你悲惨的厄运,
　　你对我们的苦乐不闻不问;
　　于是我们重新被引入迷津,
　　走上了激情的不可靠的途径;
　　我们便为反复出现的困境所吞噬,
　　最后是离别——离别就是死!
　　为了避免离别带来的死亡,
　　诗人唱得多么令人神伤!
　　纠缠在如许折磨之中,一半咎由自取,
　　愿神让他能把所忍受的苦楚倾诉①

(1824)

二　哀　歌②

　　　　如果人人有苦说不出,
　　　　神则让我说出我的烦恼③

　　我怎能指望佳期可再,

---

① 阅下一首诗的题词。
② 本诗又名《马里恩巴德哀歌》,歌德在这里极其动人地表现了他对乌尔里克·封·莱韦佐夫的痴慕所招致的诀别,从而表现了他对一般爱情的诀别。乌尔里克是歌德一八二一年在波希米亚的马里恩巴德温泉疗养地认识的一位十七岁的少女,她也是歌德最后一次钟情的对象。由于外界的反对,如以乌尔里克本人的犹豫,老诗人的这一次钟情以伤心的失恋告终。
③ 引自歌德戏剧《塔索》第五幕第五场。这句题词将前诗和本诗连在一起。事实上,诗人写作前诗时,回忆起维特失恋自杀,自然会勾起自己对乌尔里克失恋所产生的伤感。

指望含苞待放的这一天①？
天堂、地狱对你敞开；
心潮澎湃，变化万千！——
别再犹疑！她走近了天国的门扉，
她把你抱起，拥入她的双臂。

你就这样被迎进了天堂，
仿佛永远美好的人生该你享受；
你别无要求，期待和希望，
内心追求的目标已经到手，
一见这举世无双的红颜，
渴慕的泪泉顿时流干。

白昼并未移动飞快的双翼，
分秒却似乎在后面驱赶！
夜吻，一次忠诚结合的印记：
它对明天的太阳也保持不变。
时刻在缓移中彼此相似，
像姐妹一样，但不全然一致。

甜得要命的最后一吻竟然
将绵缠而美妙的情网斩断。
脚步时行时止，回避门槛，
仿佛火剑天使从这儿把他驱赶②；

---

① 歌德和乌尔里克相识于一八二一年八月；次年重逢；一八二三年七月在马里恩巴德再度重逢；同年八月又在卡尔斯巴德相聚，这时歌德求婚遭拒，旋即启程返魏玛。本诗作于途中，通过与情人的一次重逢，抒写了逝去的幸福和眼前的痛苦。
② 据《旧约·创世记》，大天使迦百列奉上帝之命，手持火剑将偷吃禁果的亚当、夏娃赶出伊甸园。

158

眼睛盯着阴暗小径不胜懊丧
回头一望，小门已经关上。

于是自我封闭起来，仿佛这颗心
从未开启，未觉察到幸福时光
闪耀在她身旁，像每个星辰
在天上一样，看谁闪的更亮；
厌烦，懊恨，谴责，沉重的忧戚
在郁闷氛围中压得人喘不过气。

世界是否留存？一面面悬崖峭壁
是否还蒙上神圣的阴影？
庄稼是否成熟？一片绿地
是否伸延到河边的牧场和丛林，
超尘脱俗的苍穹是否还在笼罩，
仪态万方，时而又虚无缥缈？

何等轻盈而窈窕，明亮而柔婉，
像从庄严云层飘出天使的法相，
从薄雾里冉冉升起一个苗条的身段，
在蔚蓝的天宇和她一模一样；
你看她曼舞得多么愉快，
最可爱的妙人中数她最可爱。

但是只有刹那间你才胆敢
把代替她本人的幻影抓住；
回到内心去！那儿你更会有所发现，
那儿她将有变形幻影无数；

一个姿态变出许多个来
千姿百态,越变越可爱。

为了欢迎她在门口流连,
随后一步步让我销魂;
最后一吻之后又赶到我面前,
给我的嘴唇印上最后最后一吻:
爱的形象竟如此鲜明生动,
如火焰文字写进忠诚的心中。

这颗心如城池固若金汤,
为她而保存自己,并将她护卫,
为她而欣慰自身持续久长,
只有她显露真容,它才将自己领会,
才在钟情的围场更觉自由自在,
甚至怦怦跳动,为一切而将她感戴。

恋爱的才能,互爱的必需要是
被取消掉,变得无影无踪,
马上就会找到希望和兴致
进行可喜的计划、决断和行动!
如果爱情曾令情种兴高采烈,
这在我身上表现得完美无缺;

当然还要靠她!——当衷心的忧虑
如烦人的负荷压迫着我的心身:
在抑郁的空虚心灵之荒芜的地域
环顾一下,尽是恐怖的情景;

这时熟识的门槛隐约显出希望,
她本人现身于和煦的阳光。

神的和平比起理性
更令世人幸福①——有书为证——,
我想比作面临最可爱的妙人
所感到的爱之欢悦的和平;
心儿歇在那里,什么也无法掣肘
那最深的意念,我为她所有。

我们纯洁的胸臆回荡着一股情热,
出自感激而甘愿献身
于一个更高、更纯的不可知者,
要把这永远不可名者加以辨认;
我们称之为虔敬!——如此崇高福荫,
我站在她面前自觉有分。

面对她的目光,有如面对太阳的威烈,
面对她的呼吸,有如面对阵阵春风,
自我意识深藏于严寒的墓穴,
久久凝固的冰,终于逐渐消融;
自私自利,固执任性,都不能持久,
她一到来都将被吓走。

仿佛她说过:"时时刻刻
我们感到生活过得美好;

---

① 参考《新约·腓立比书》第四章第七节:"神所赐出人意外的平安,必在基督那里,保守你们的心怀意念。"

昨日种种我们都不记得，
明日一切我们也不知道；
如果我对黄昏有所顾忌，
日落时总会有点什么令我欣喜。

要像我一样，看吧，明理而欢悦，
注意一瞬间！不可延挨！
快去迎接它，友好而活跃，
在行动中为了乐，为了爱；
到哪儿都永远保持天真，
这样你便是一切，你便不可战胜。"

你说得真好，我想，神奖赏
你以瞬间的恩惠，伴你同行，
每个人觉得在你温存的身旁
立即变得为命运所宠幸；
你如示意我离去，我将惶惑，
精通人情世故又何助于我？

我已远离！该怎样支配
眼前几分钟，我也说不出；
她向我将许多善展示为美，
竟成为我的负担，我必须解除；
难抑的眷恋把我四下驱赶，
这时别无良策，除了泣涕涟涟。

那就泪如泉涌吧，让它不断地流；
可内心的烈焰未必能扑灭！

生与死在我胸头凶狠地厮斗,
发出怒吼,要把一切撕裂。
肉体的病痛还有草药医治,
唯独心灵缺少决断与意志,

还缺少理解:他何以如此痴恋?
他千百次温习她的姿容,
时而逡巡不前,时而蓦然不见,
时而影影绰绰,时而有清光簇拥;
这微薄的安慰又有何益,
不过来而复去有如潮汐。

忠实旅伴们①,就这儿把我丢下!
让我独自陪伴山岩和泥沼;
世界已向你们开放,你们快去吧!
大地宽广,天空雄伟而崇高;
观察吧,探索吧,把细节加以搜集,
就会结结巴巴讲出大自然的奥秘。

我失去了一切,连自我也给落下,
虽然我刚才还蒙众神宠爱;
他们考验我,送我潘多拉②,
既有财富,又有灾害;

---

① 指在歌德的痛苦归程伴陪他的随从斯塔德尔曼和秘书约翰,前者为他搜集矿石,后者为他记录气象报告。
② 据希腊神话,潘多拉系宙斯为了惩罚人类盗火而派往人间的、用粘土造成的美女。临行由宙斯赠送一只小盒,她后来在人间将它打开,放出了一切灾害。由于诸神相继赠送她各种长处,故名"潘多拉"——在希腊文中,"潘"意为"一切","多拉"意为"赠品",亦即后文所谓"全福"的意思。

他们逼我把全福的芳唇亲吻，
他们又把我分开，使我断魂。

(1823)

三　和　解①

激情带来痛苦！——郁闷的心
损失惨重，谁来安抚？
何处是飞逝匆匆的光阴？
枉然为你挑选绝色的丽姝！
神思沮丧，行为乖张；
高尚的世界，已从意识中消亡！

音乐挟天使双翼降临，
织上乐音万种千类，
彻底渗透人的生命，
给它贯注永恒的美：
眼睛湿润了，在眷恋中感到
乐音与泪水均有神效。

于是宽慰的心很快发现
它还活着，还在跳，还想跳，
为了对这丰厚的馈赠致谢，
甘愿奉献自身作为回报。

---

① 本诗作于一八二三年八月中旬，在前诗《哀歌》之前，献给波兰籍女钢琴家马莉·席曼诺夫斯卡。她当时以其精湛的艺术抚慰了歌德对乌尔里克的失恋痛苦，并使他得以恢复自制力。

还感受到——哦愿好运常驻！——
乐音与爱的双重幸福。

（1823）

歧　途

艺术家,要是内心僵化,
那可不令人高兴;
连模糊线条的尾巴
都叫我们十分恶心。
但是你如发现,
你没有被说中,
那么大路就在眼前
通向真正的艺术品种。

我们花园里的小屋

它并不显得自负,
高屋顶,矮房屋;
所有常客光临,
都带一份好心情,
瘦的树,绿的花,
亲手栽,向上发;
创造,体贴,发育处处
共同从精神上延续。

回　忆

他　可还记得我们两个
　　相互追逐的时光？

她　要是没把你找着，
　　便觉得日子特长。

他　多奇妙！是本人又是别人，
　　至今我还感到快乐。

她　我们彼此误认；
　　那才是美妙的时刻。

（1829）

新婚之夜

在远离庆典的卧室里
坐着忠实于你的小爱神,他担心
恶作剧的宾客们会用诡计
来破坏婚床的和平。
暗淡的金色火焰在他面前
闪耀着圣洁而神秘的光辉;
室内缭绕着香烟,
让你们饱尝新婚的况味。

钟声一响驱散宾客们的喧腾,
你的心跳动得何等激烈!
你多么渴望那美丽的樱唇,
它随即沉默,毫不拒绝!
你急于把一切完成,
陪她一齐走进圣地;
守夜人手里的灯
是一点夜光寂静而微细。

她的胸脯和她的脸
因你的狂吻而起伏!

她的古板现在化为震颤,
因为你的大胆变成了义务。
小爱神火速帮你为她解衣
可还不及你一半那么快;
这时他既狡猾又安分守己,
把两只眼睛紧紧闭了起来。

(1767)

鹰与鸽

一只幼鹰展翅
追逐猎物;不幸
为猎人的箭射中,射断了
右翼的韧带。
它坠落在桃金娘林中
强忍创痛达三日之久,
痛得抽搐了
三个长长的、长长的夜晚;
最后幸亏治疗万物的自然
用无所不在的香膏
治好了它。
它从丛林里钻出来
伸了伸翅膀——唉!
飞翔的力量已被剪断! ——
再使劲也难以
挣脱地面
去实现微不足道的捕猎需要,
只得深切悲苦地
歇在溪边的低石上;
它仰望橡树,

仰望天空，
一滴泪水充盈着它高贵的眼睛。

这时从桃金娘枝叶里兴致勃勃地
咕咕着飞出一对鸽子，
飞了下来，点头磕脑地
踱过溪边的金沙
又相互偎依在一起；
它们淡红的眼睛四处求爱，
一下看到了这个深切悲苦者。
雄鸽好奇而又和蔼地
飞到近旁的丛林来并
以自得的心情向它友好地望着。
"你在伤心，"它调笑着说；
"放高兴点吧，朋友！
要过宁静的幸福生活，你这儿
不是一切都有吗？
这金色的枝桠保护你
不受烈日暴晒，你难道不欢喜？
你难道不能在溪边的软苔上
对着夕阳的余晖
挺起你的胸脯来？
你到初露欲滴的花间漫游去吧，
从丛林的丰富储藏采撷
你适当的食物吧，到银泉
去缓解你的微渴——
哦朋友，真正的幸福
就是知足，

但凡知足
则无往而不足。"
"哦聪明人!"鹰说着,认真地
沉入了冥想,
"真聪明! 你说得像鸽子一样!"

(1773)

超脱的作为

于是我不停地滚动
我的桶,像圣德奥吉尼斯①。
时而是严肃,时而是玩笑;
时而是爱,时而是恨;
时而是这,时而是那;
时而什么也不是,时而又是点什么。
于是我不停地滚动
我的桶,像圣德奥吉尼斯。

(1773)

---

① 德奥吉尼斯(公元前412—前323),以淡泊著称的希腊哲学家,住在桶中,白昼点灯寻找正人君子。

批评家

我有个家伙来做客,
对我倒没什么了不得;
我恰好有顿家常便饭,
那家伙倒吃得狼吞虎咽。
最后端出我贮存的甜蛋糕,
我觉得他好像还没吃饱。
魔鬼把他引到邻居家中,
他把我的伙食谩骂一通:
"汤应多加点儿调料,
肉应烤得更黄些,酒的年头不到。"
真他妈的鬼打架!
揍死他,这条狗,它是个批评家。

(1773)

作　者

没有你
我算啥，
读者朋友！
我所有感受自说自话，
我所有欢悦无声无臭。

（1773）

艺术家的晚歌

啊,愿内在的创造力量
响彻我的感官!
愿一个元气勃勃的形象
流出我的指间!

我结结巴巴,浑身发颤,
简直难以自已;
我觉得,我认识你,自然,
所以我得抓住你。

我这才想到,我的感官
已经开放多少年,
它过去是不毛的荒原
而今在品尝欢乐的泉源;

我多渴望你啊,自然,
忠实而爱慕地把你试探!
你将从千百条水管
向我射出诙谐的喷泉。

我的全部力量将
昂奋于我的感官,
这狭隘的生涯将
向永恒绵延。

(1774)

少年维特的喜悦*

从前有个年轻人
不知怎么死于忧郁症,
于是就给下了葬。
当时走来个风流才子,
忽然内急不止,
正像人们一样。
他将就蹲在坟头,
痛快解了一泡大溲,
友好地察看一番他的粪便,
才松口气迈步向前,
不慌不忙对自己说道:
"这家伙,真叫倒霉!
要像我那样拉上一堆,
他就不会死掉。"

(1774/75)

---

* 《少年维特的喜悦》,是德国作家弗里德里希·尼古拉(1733—1811)为了讽刺歌德而写的一本游戏作品。

传　说

从前沙漠里有位圣贤,
他大吃一惊地遇见
一个羊足林神,它说:
"大人,请为我和我的伙伴祈祷,
让我获准进入天国,
去享天福之乐;我们渴望走一遭。"
圣贤回答道:
"你的要求看来很危险,
要满足你实在很难。
你来要按英国礼节请安,
你一条羊腿又将咋办。"
野人于是回答说:
"我的羊腿算得什么?
我倒看见许多人长着
驴头,却很快走向天国。"

(1775/76)

不相配的婚姻

即使如此美满的一对在结合之后也会发现彼此不相配:
普绪刻变得老迈而聪明,阿摩却总还是个孩子。①

(1781)

---

① 普绪刻在希腊神话中是人的灵魂的化身,常被描绘成蝴蝶或有蝶翅的少女。希腊作家阿普列乌斯在其名著《变形记,或金驴》中曾将普绪刻描写成一个年轻公主,容貌出众,引起美神阿佛洛狄忒的嫉妒,后者命其子厄洛斯(即罗马神话中的阿摩,小爱神)前往惩罚她。厄洛斯为普绪刻的美貌所倾倒,却不愿让她看见自己,便每夜同她相会。普绪刻曾设法窥看厄洛斯的面容,不料他立即无影无踪。为了寻找自己的情人,普绪刻曾经历无数风波、灾难和痛苦,甚至不惜为阿佛洛狄忒做奴隶,从事繁重而危险的劳动。两人最后团聚,从此永不分离。这个故事引起后世许多作家、艺术家的创作灵感,歌德的这首小诗似偏重于个人经验或世俗经验,与这个故事关系不大。

人性的界限

当元始的
圣父
以稳重的手
从隆隆作响的云层
向大地播撒
祝福的闪电时，
我胸头虔敬地
怀着幼稚的恐惧
亲吻着他的
袍服的下摆。

因为与神匹敌
非任何凡人
之所能。
即使他向上飞升
让头顶
接近星斗，
也无处托住
那摇晃不稳的脚跟，
云和风还会

把他戏弄。

即使他以坚实的
多髓的骨骼站在
稳固的
持久的大地上,
他也难以
哪怕同橡树
或者葡萄树
较量短长。

是什么把神
同人区别开来?
神好比是
一条永恒的河流,
他面前流过许多波:
波浮起我们,
波吞没我们,
我们于是下沉了。

一个小小的圆圈
圈住了我们一生,
世世代代的人
持久地排在
他们的生存之
无尽的链条上。

(1781)

甜蜜的忧愁

离开我吧,忧愁!——可是,唉,忧愁不会
放松我们凡人,在生命抛弃他之前。
既然无从避免,就让你爱情的忧愁来吧,
赶走那些兄弟姐妹,就由你来主宰我的心

(1788)

爱人身旁

我想起你,当太阳的晚霞从海上
　　　　把我照临;
我想起你,当月亮的幽光
　　　　在泉水里倒映。

我想起你,当远方的大道
　　　　有尘土飞扬;
我想起你,当狭窄的小桥
　　　　有行人张惶。

我想起你,当那儿带着沉闷的轰鸣
　　　　有波浪升起,
在清净的林子里我经常去谛听,
　　　　那时万籁俱寂。

我跟你在一起,即使你路远山遥,
　　　　也近在眼前!
太阳落山了,星星马上把我照耀
　　　　哦要是你在我身边!

（1795）

虚空！虚空的虚空[*]

我已对什么都不在意。
　　唷嗬咳！
在这世上过得还可以。
　　唷嗬咳！
谁愿把我的朋友当，
一齐来碰杯，一齐来合唱，
且把这杯残酒来喝光。

我曾看重金钱和财喜。
　　唷嗬咳！
为此丧失欢乐和勇气。
　　哎哟唉！
钱币在这里那里滚来滚去，
我在一处把它们抓住，
可它们却又滚向别处。

我曾对女人押过宝。
　　唷嗬咳！

---

[*] 原文为拉丁文，出自《旧约·传道书》第一章第二节。

结果招来许多烦恼。
　　哎哟唉！
虚情假意的别有所求，
真心实意的令我烦忧，
最好的花钱也弄不到手。

我曾热衷于远足和游历。
　　唷嗬咳！
并把故土的风习抛弃。
　　哎哟唉！
哪儿我也过得不痛快，
伙食吃不惯，床铺也很坏，
没有人把我理解。

我曾热心沽名钓誉。
　　唷嗬咳！
瞧啊，别人总是先把风头出。
　　哎哟唉！
不管我怎样向上攀援，
人人都对我冷眼相看，
个个都会不以为然。

我曾信奉战斗和战争。
　　唷嗬咳！
有好几仗我们都已打赢。
　　唷嗬咳！
我们开进了敌人的国境，
战友们的伤亡都很不轻，

我则折掉腿一根。

我已对什么都不在意。
　　唷嗬咳!
全世界都算是我的。
　　唷嗬咳!
现在歌曲、酒宴均告结束。
且为我干掉一切残酒;
一滴也别剩留!

(1806)

且让我们痛饮！*

为做好事我们碰在一起，
那么，哥儿们！**且让我们痛饮**。
酒杯叮当响，高谈已停息，
要记牢**且让我们痛饮**。
这可是一句古老的佳音，
既适合古人，也和今人相称，
从盛宴大厅发出了回声，
好一个**且让我们痛饮**！

一看见我亲爱的小情人，
我就想起：**且让我们痛饮**。
欣然走上前去，她却让我止步；
我聊以解嘲，便想起：**且痛饮**。
如果她回心转意把你拥抱亲吻，
如果拥抱亲吻没有你的份，
那么，憋得实在不行，
你只好坚持那安慰的**且让我们痛饮**。

---

* 原文为拉丁文，系中世纪一支饮酒歌的叠句。

命运呼唤我和朋友们分手；
你们正派人！**且让我们痛饮**。
我将轻装从这儿上路，
然后加倍地**且让我们痛饮**。
尽管小气鬼再怎样对自己抠门，
咱们总得大方点不能扫兴，
因为快活人总会赊账给快活人；
那么，哥儿们！**且让我们痛饮**。

今日诸位有何高见？
我只想：**且让我们痛饮**。
今日既然颇不一般，
那么重新来个：**且痛饮**。
它已从大门引进了欢乐，
云彩在闪耀，面纱已拉落，
神圣的形象显示为楷模；
我们碰杯歌唱吧：**且痛饮**。

（1810）

为独出心裁者作

某某人说:"我不属于任何派;
没有什么大师值得我敬爱;
我也决没有过
向死人学习什么。"
这就是说,如果我对他理解不差:
"我就是个自己负责的傻瓜。"

墓志铭

小时候沉默寡言,固执成性,
少年时飞扬跋扈,桀骜不驯,
成人后开始壮志满怀,
到老了漫不经心,异想天开!——
你的墓碑才可念出声:
这是个真正的人!①

(1814/15)

---

① 一八〇八年十月,拿破仑在埃尔富特会晤歌德时说过这句话。

榜　样

我一旦不耐烦起来，
便想起地球是怎样忍耐，
它据说天天自己转，
一年一年转不完。
我还有什么话好讲？——
只有学亲妈妈的样。

(1814/15)

时间到，办法来了！

谁愿意事事穷追究！
雪一化，总会找到路。

再使劲也帮不上忙！
是玫瑰，总会开放。

(1814/15)

信　条*

共济会员的旅程
有如人生，
而他的奋进
则如世人
之力行。

未来弥补
痛苦与幸福。
逐步注目，
我们无所畏惧
向前拥去。

又远又沉
悬着一具尸身①
引起崇敬。寂静

---

* 指共济会的信条。共济会又名自由石匠工会，欧美最古老最广泛的秘密团体；原为中古时期石匠和教堂建筑工人的行会组织，后渐变为宗教性质的秘密团体。入会者不分国籍，以人类互相帮助为目的。会员分成三个等级：学徒，师兄弟和师傅。歌德曾参加共济会魏玛分会，写过一些美丽的共济会会员之歌，此诗即其中之一，写作时间为一八一五年。

① 疑指耶稣。

上面睡着星星
下面是坟茔。

把它看个分明!
在英雄的胸口,
看哪,正流露
变化着的震惊
和严肃的感情。

从上面在呼唤
精灵们的声音,
师傅们的声音:
别耽误,去锻炼
善的威权!

这儿编扎花冠
于永恒的寂静,
它们将以丰盈
把忙碌者报偿!
我们嘱咐你们希望。①

---

① 经常被引用的名句。

序　曲[*]

以他的名义,他创造自身,
借创造天职之永恒而成;
以他的名义,他创造信仰,
忠实,爱情,活动和力量;
以那人的名义,他虽常被称指,
按其本性却永远鲜为人知①。

即使耳目所及无间无隔,
你也只发现与之相近的熟识者②
而你的精神之最高的火焰
已有足够的譬喻,足够的观念;
它吸引你,欣然将你拉着前往,
并在你的漫游途中华饰盛装。

---

* 原文为拉丁文。这里用作诗题,表示对于世界本原的探讨。本诗作于一八一六年三月。

① 这里的"他"是指神。但作者心目中的神,乃是非人格的本原,不在自然界之外,而是与自然界等同;换言之,作者把神融于自然界之中,否认超自然的本原;又可以说,自然界本身就是神,自然界是自身的原因,是万物的实质的原因。这就是斯宾诺莎的"自身原因"(Cauca sui)的原理。歌德从斯宾诺莎只接受了他所理解的东西,"体系"对他毫无兴味可言。

② 人作为自然界的一部分,并不认识自然界本身,亦即不认识他自己。

你不再计算时间,不再数数,
每一步都是无可测度①。

---

① 与前面《遗嘱》一诗中"瞬间就是永恒"同义。

艺术批评家克洛诺斯*

萨图努斯①吞食自己的孩子,
简直毫无心肝;
不要芥末不要盐,众所周知,
他吃你们像吃茶点。

按照惯例来作,
莎士比亚也有这样遭遇:——
把他递给我吧,波吕斐摩斯②说,
我最后用他来饱口福。

(1819/20)

---

* 据希腊神话,克洛诺斯为乌剌诺斯(天)与该亚(地)之子,有预言说,他将为一子推翻,他便将自己的子女全部吞食,只有宙斯一人为其母该亚设计得免。
① 萨图努斯为古罗马播种神,常与克洛诺斯混为一谈,故亦为吞噬子女者。
② 波吕斐摩斯,独目巨人,海神波塞冬之子,曾吞噬和俄底修斯共同漂泊的六个伙伴,为俄底修斯烫瞎唯一的眼睛。

致拜伦勋爵

亲切话语给我们快乐时光,
从南方传来一句接一句;
呼唤我们奔赴最高尚的战场
我心有余可双脚却被裹住。

我怎样向远方说句知心话
给我那长久相伴的朋友?
他一直在内心深处挣扎,
久已习惯忍受最沉重的苦楚。

如果他感觉自己,他真有福!
他敢于以莫大的幸运者自夸,
如果缪斯有力量征服痛苦;
愿他认识自己,一如我们认识他。

(1823)

风　景

这一切看来多爽心，
农舍显得多匀称，
草木朝露淋漓
山脉边缘蓝得好艳丽！
且看嬉戏的小云彩
在纯净的大气里真叫凉快！
这里要有一个荷兰人来到，
他当真马上就会落脚，
他看的景致，他画的画卷，
数一百年也数不完。

那么这一切你觉得怎样？
仿佛透过银色面纱一样放亮，
是透明的，是一道光
后面是最俊俏的面庞。
通过这盏明灯的照临，
一切变得清澈而纯净，
否则一种讨厌的偶然，
每天变得司空见惯。
如果你缺乏才智和艺术义务，
爱情就懂得予以弥补。

狐死留皮

我们一群青年人
午后坐在阴凉里；
阿摩来了，想和我们
玩"狐死"游戏。①

我们个个高高兴兴
和情侣坐在一处；
阿摩吹熄了火炬
说道：把蜡烛拿去！

火炬余烬未熄，
在大家手中传递，
每人飞快把它
传给别人手里。

多莉里丝开玩笑
把它传到我手上；
我的手指刚挨到它

---

① "狐死留皮"是一种游戏名称，类似我国传花、丢手帕等游戏。阿摩，罗马神话中的小爱神。

蜡烛一下子熊熊发光，

烫伤了我的眼睛和脸，
点燃了我的胸怀，
炎热火焰几乎
湮没我的脑袋。

我想把它扑灭，
可它燃得更旺；
狐狸并没有死，
它正活在我身上。

(1770)

千姿百态的钟情者

我愿变条鱼，
新鲜而疾速；
你要是来钓，
我决不溜掉。
我愿变条鱼，
新鲜而疾速。

我愿变匹马，
值得你来跨。
哦愿我是辆车，
你坐着可乐。
我愿变匹马，
值得你来跨。

我愿是黄金，
常为你效命；
你有啥要买，
我又跑回来。
我愿是黄金，
常为你效命；

我愿我坚贞,
我的爱永新;
愿与你约定,
永远不远行。
我愿我坚贞,
我的爱永新。

我愿成老头,
冷漠又起皱;
你就拒绝我,
我也不难过。
我愿成老头,
冷漠又起皱。

我愿变只猴,
逗乐有一手;
你要是气恼,
我来开玩笑。
我愿变只猴,
逗乐有一手。

我愿驯如羊,
勇如狮一样;
眼明似猞猁,
狡猾胜狐狸。
我愿驯如羊,
勇如狮一样。

千变又万化，
务请你笑纳；
礼品再豪华，
你都要收下。
千变又万化，
务请你笑纳。

可我还是我，
请把我接着！
如愿我更好，
请把我精雕。
可我还是我，
请把我接着！

致他的矜持者

你见过酸橙吗?
它还挂在树上;
三月已经流逝
新花开放啦。
我走近树旁,
说道:酸橙,
你成熟的酸橙,
你甜蜜的酸橙,
我摇,我摸,我摇,
哦落进我怀里来吧!

非此即彼

去！听从我的提醒，
利用你的青春，
学着及时放聪明：
对于幸运的大天平
指针很少负责任：
你要么上升要么下沉，
你要么做主又取胜，
要么失败当仆人，
要么输要么赢，
要么是锤要么是砧。

（约1787）

哈尔茨山冬游记

像猛禽
以柔软的翅翼悬浮
在浓重的朝云上
巡视着猎物
滑翔吧我的歌!

因为一个神,
给每个人注定了
他的道路,
幸福者便
迅速奔向快乐的
目标:
而谁的心
为不幸所束紧,
他便枉然抗拒
那无情剪刀才能
剪断的铁筋
所编结的栅栏。

在阴森的林莽里

拥挤着狂暴的野兽，
而富人们久已
和麻雀一起
坠入他们的沼泽。

跟随幸福女神驾驭的
车辆是容易的，
有如缓慢的扈从
在修整过的大道上
跟在王侯入城式的后面。

但旁边又是谁啊？
他的小径消失在丛林里，
他身后灌木
纠结在一起，
草又长起来，
荒凉把他吞没了。

香膏对那人成了毒药，
他竟从丰富的爱情
饮出人类的仇恨，哎，
试问谁医治他的痛苦？
先被蔑视，而今是个蔑视者，
他暗中消磨
自身的价值
于永不满足的自私自利中。

爱之父啊，如果

你的诗篇中有个声音
为他的耳朵所听见,
他的心将何等愉悦!
张开那阴沉的月光
瞧瞧沙漠里
焦渴者身旁
千股甘泉吧!

你既给每人送来
无限丰富的快乐,
就请祝福狩猎的弟兄们
以快乐嗜杀的
青春的气概
追逐野兽的踪迹吧,
他们是农民多年来
用棍棒抵挡不住的
灾害之迟到的报复者!

但请把这独行人
裹进你金色的云彩吧!
用常青藤围绕
你的诗人的
湿发吧,哦爱情,
直到玫瑰重新成熟开放!

你以朦胧的火炬
照着他
夜间涉过浅滩,

在荒凉的旷野
走过泥泞的路；
你以万紫千红的朝霞
笑进了他的心；
你以刺骨的寒风
把他高高举起；
冬日的河流从岩石
涌入了他的赞歌，
而那可怕的峰巅
白雪皑皑的顶点
从前在民众的想象中
有过群魔乱舞，
而今成为他最亲切的
感恩的祭坛。

你以未经探测的胸怀
隐秘而又公开地
屹立在惊诧的世界之上
从云端眺望
它的丰饶与壮丽，
那是你用你身旁
你的弟兄们的血液
灌溉过的。

(1777)

永远永远

人生在世为限制所苦
乃以神讳称呼崇高幸福:
如不知动摇的忠实之和谐,
不知疑虑的友情之和谐,
只为独思的智者燃烧的光,
只为想象华美的诗人燃烧的光——
这一切我从我最幸福的时刻
从她身上为自己——发现并获得。

(1784)

海　涅

第二章

掷弹兵*

两个掷弹兵向法国走去,
他们曾经在俄国当过俘虏。
他们来到了德国地区,
不由得都低下了头。

他们在这儿听到了凶讯:
法国已经沉沦,
雄师被打得溃不成军,——
皇帝,唉,皇帝竟然被囚禁。

两个掷弹兵一起哀哭,
为了这个可悲的噩耗。
一个说:我多么痛苦,
我的旧伤口在燃烧。

另一个说:歌唱完了,①
我也想和你一同死去,

---

* 海因里希·海涅(1797—1856),德国伟大诗人。本卷海涅诗歌中译来自《海涅诗歌精选》(北岳文艺出版社 1994 版)。
① 谚语:一切都结束了。

可我有老婆,孩子还小,
我死了她们会禁不住。

老婆孩子算得了什么?
我胸怀大志好得很;
让她们讨饭去,如果她们挨饿,——
我的皇帝,我的皇帝已经被囚禁!

兄弟我有个心愿向你拜托:
如果我一旦把命丧,
请把我的尸体带回法国,
把我埋在法国的土地上。

请你把十字勋章
连同红绶带放在我胸前;
把火枪放在我手上,
把军刀佩在我腰间。

我要躺在坟墓里
像哨兵一样静静聆听,
直到听见炮声隆隆,
长嘶骏马狂奔。

然后我的皇帝驰过我的坟墓,
只见刀剑叮当闪烁,锋利无比;
然后我全副武装爬出坟墓,——
去保卫皇帝,保卫皇帝。

伯沙撒*

午夜已经临近；
寂然沉睡着巴比伦。

只有王宫还亮着灯，
是国王的随从们在喧腾。

上面是国王的大厅，
伯沙撒在欢宴群臣。

群臣坐成一排排映着光辉。
饮干了葡萄美酒夜光杯。

群臣欢呼，杯盏叮当；
冲着刚愎的国王闹嚷嚷。

国王的脸颊放着红光；
酒意使他勇敢而又莽撞。

---

* 伯沙撒是巴比伦最后的国王。这个故事见《旧约·但以理书》第五章。

莽撞到了这步田地,
他竟用罪孽的话语亵渎上帝。

他昂首挺胸,放肆辱骂;
群臣鼓掌喝彩一片喧哗。

国王目光傲慢地呼唤;
侍者匆匆趋前又忙忙回转。

他头上顶着许多金杯银盏;
那都是抢自耶和华的神殿。

国王把渎神的手一挥,
接住一只斟得满满的圣杯。

他匆忙一口把它饮干,
以溅沫的嘴巴大声叫喊:

"耶和华,从此咱们没有来往!——
我瞧不起你,我是巴比伦的王!"

这句可怕的话还没说完,
国王内心就开始惶恐不安。

刺耳的哗笑立即鸦雀无声;
大厅里骤然死气沉沉。

看哪! 看哪! 那白色的墙头

仿佛出现了人的手。

在白色的墙头写了又写,
写出了火的字母又随即泯灭。

国王坐着双目茫然,
面如死灰,两膝震颤。

群臣坐着浑身冰冷,
静静坐着一声不敢吭。

术士来了,可没一个认识
那墙头的火焰文字。

当天夜里这个伯沙撒
就被他的臣仆所暗杀。

在绝妙的五月

在绝妙的五月，
一切花蕾在喷涌，
这时我的心头
爱情已萌动。

在绝妙的五月，
一切鸟儿在欢唱，
这时我向她供认了
我的眷恋与渴望。

星星待在高空

星星待在高空
动也不动一动,
几千年来相互凝望
带着爱的苦痛。

它们讲着一种语言,
那么丰富那么美;
要懂得这种语言
可没一个哲学家会。

我却学会了它,
而且忘不了它;
至爱者的面庞
就是我用的语法。

莲花害怕

莲花害怕
太阳的光华,
她低首恍惚
等待夜幕垂下。

月亮是她的情郎,
用光使她惺忪,
她便亲切向他
展现她的花容。

她容光焕发
默然凝望高空;
她发香,流泪,颤栗
为了爱的苦痛。

一株松树孑然伫立

一株松树孑然伫立
在北方的秃山，
它昏昏欲睡；冰与雪
为它裹上了白毯。

它梦见一株棕榈
远在东方
孤单而沉默地悲伤着
在灼热的断崖上。

他们折磨我

他们折磨我,
气得我紫一阵白一阵,
一些人用他们的爱,
另一些用他们的恨。

他们给我的面包下毒,
他们给我的酒杯注进了鸩,
一些人用他们的爱,
另一些用他们的恨。

可她最使我
痛苦,气恼,情绪低落,
她从来不恨我,
也从没把我爱过。

不知道是怎么回事

不知道是怎么回事，
我竟那么悲伤；
一个远古的童话，
我听了久久难忘。

空气清凉，暮色苍茫，
莱茵河静静流淌；
山顶闪闪烁烁，
映照着夕阳。

想不到上面坐着
最美丽的姑娘，
她梳一头金发，
金首饰粲然放光；

她用金梳梳着，
同时唱着一支歌曲，
它有一种奇异
而又强劲的旋律。

小船上的船夫猛然
感到剧烈的痛楚；
他望不见水里暗礁，
他只望着上面那高处。

我想，船夫和船
终归会被波涛吞没；
这就是罗累莱用歌声
制造的灾祸。

每当早晨我

每当早晨我
走过你的屋门,
看见你在窗前,
小亲亲,我多么高兴。

你用黑褐色眼睛
望着我仿佛在打听:
"你是谁,你哪儿不舒服,
你这陌生的病人?"

我是个德国诗人,
在德国众所周知;
提到最好的名字,
也就提到了我的名字。

使我不舒服的,小亲亲,
也使德国很多人不舒服;
提到最严重的痛苦,
也就提到了我的痛苦。

夜深沉,街巷清静

夜深沉,街巷清静,
这屋子住过我的情人;
她久已离开了城市,
可房屋还在老地方留存。

还有个人站在那儿凝望高空,
绞着双手由于痛苦难忍;
看见他的脸我不禁骇然——
月光向我显示了我的原形。

你是我的离魂,苍白的伙伴!
干嘛你把我的苦恋模仿,
它从前曾经折磨过我,
多少个夜晚,就在这个地方?

死是清凉的夜

死是清凉的夜,
生是闷热的白天。
天黑了,我要睡,
白天使我困倦。

我床上长起一株树,
小夜莺唱着在里面;
她唱纯粹的爱情,
我在梦中也听得见。

哈尔茨山游记序诗

黑外套,长丝袜,
雪白袖口真潇洒,
谈吐拥抱更温柔——
唉,他们有心才像话!

胸中有心又有爱,
情爱温软藏在心——
装腔作势闹失恋,
唉,陈词滥调真要命。

我要登上山顶去,
那儿茅屋多朴素,
那儿心胸好舒展,
自由和风正吹拂。

我要登上山顶去,
那儿耸起黑枞树,
溪流潺潺雀鸟鸣
孤傲云朵相追逐。

再见,你们光滑的厅堂,
光滑的先生,光滑的女士!
我要登上山顶去,
笑着把你们来俯视。

暮色苍茫

坐在灰白的海岸
我冥思苦想,形影孤单。
夕阳西下,将它火红的
光条投在水面,
宽阔的白浪
为海潮催促着
汹涌澎湃地近了近了——
一阵稀罕的喧闹,一阵细语和吹啸,
一阵欢笑和喃喃,一阵呻吟和潺潺,
间或一阵摇篮曲般舒适的咏叹——
我仿佛听见了久已湮没的传说,
远古的、美妙的童话,
从前我还是个孩子
曾经从邻儿那里听过,
那时我们在夏日的黄昏
蹲在大门口的阶石上
怀着幼小的专注的心
睁着好奇而聪明的眼睛
倾听人们静静讲述它们;
可那些大姑娘们

冲着窗坐在
馥郁的花钵旁,
脸如玫瑰,
微笑着,被月光照个分明。

海滨之夜

无星而又寒冷的是夜,
大海打着呵欠;
海面上匍匐着
不成形的北风,
以压抑的呻吟声悄悄地,
像个乖戾的牢骚客情绪好转,
向海水唠叨不休——
讲着许多荒唐的故事,
以杀人为戏的巨人童话,
远古的挪威传说,
间或还远远听得见他大笑大喊,
唱着《埃达》①的降魔歌曲,
还有鲁纳古字②的格言,
是那样玄奥难解又那样妖异动人,
以致雪白的海之子们
高高地踊跃而又欢唱,
豪放而又痴狂。

---

① 《埃达》,古代冰岛学者编纂的神话诗文集。
② 鲁纳古字,指远古北欧一种日耳曼民族的文字。

这时,在平坦的海滩,
在潮水冲湿的沙面上,
大步走着一个异邦人,怀着一颗
比风浪还要激昂的心。
他走到哪里,
哪里就贝壳爆裂,火星溅喷;
他紧紧裹在灰色大氅里
急匆匆跨过狂风之夜,
确信无疑地为一粒灯火引导着,
它正亲切而诱人地
从偏僻的渔舍闪现出来。

父兄出海去了,
孤零零一个人留在
茅舍里的是渔夫的女儿,
美貌绝伦的渔家女。
她正坐在灶旁
倾听水壶
充满甜蜜想象的安适的嘶嘶声,
又把劈啪作响的柴草扔进火里
并朝它吹着,
于是闪烁的红光
奇妙地反射
到容光焕发的脸颊上,反射
到从粗糙的灰布衬衫
动人地闪露出来的
柔嫩雪白的双肩上,反射
到正把衬裙更紧一点束在

优美的臀部周围的
谨慎的小手上。

但是，大门霍然而开，
走进了那个夜行的异邦人；
他的眼睛对爱情富于确信地停在
这白皙的纤细的少女身上，
而她战栗地站在他面前
宛若一朵胆怯的百合花；
他把大氅扔在地上
笑着说道：

"你瞧，我的孩子，我信守诺言，
我来了，还带来了
古老的时代，那时天神们
下凡来找人的女儿
拥抱人的女儿
和她们生育
手执权杖的王族
和英雄们，那世上的奇迹。
可是，孩子，别再惊诧
于我的神异，
我求你为我煮茶搀点甜酒，
因为外面太冷，
在那样的夜气里
我们这些永恒的天神也会冻坏，
我们容易得最神圣的感冒
和一阵不朽的咳嗽。"

疑 问

在海边,荒凉、漆黑的海边,
站着一个青年,
胸中充满忧伤,脑袋里装满疑团,
他以阴郁的唇音向波涛问道:

"哦请为我解答人生的哑谜,
许许多多头颅——
戴着象形文字便帽的头颅,
缠着头巾、戴着黑色平顶礼帽的头颅,
戴假发的头颅①以及其他成千上万
可怜大汗淋漓的人头冥思苦想过的
那个远古以来一直折磨人的哑谜——
告诉我,人是什么意思?
他从哪儿来?他到哪儿去?
高高在上住在金色星辰里的又是谁?"

波涛喃喃着它永恒的细语,
风吹着,云飞着,

---

① 象形文字便帽,即古代埃及祭师的帽子;缠着头巾,指伊斯兰教徒;戴着黑色平顶礼帽,指天主教神父;戴假发,指近代哲学家。

星星无动于衷地冷淡地眨着,
一个傻子在等待回答。

坐在白色的树木下

坐在白色的树木下，
你听远处风在呼啸，
看上空缄默的云
缓缓躲进了雾罩。

看下界何等荒凉，
森林原野剪光了一样——
周围是冬天，体内是冬天，
你的心已经冻僵。

突然你身上落下了
白色碎片，你觉得讨厌，
以为是树把积雪
朝你身上浇遍。

你马上惊喜地发现，
那可不是雪片；
是芬芳的春花
在捉弄你，把你遮掩。

可爱而又可怕的魔法！
冬令转眼春光似海，
积雪变成了繁花，
于是你的心又重新去爱。

悦耳的钟声

悦耳的钟声
轻轻掠过我心上,
响吧,小小的春歌,
响到远方。

一直响到那屋子,
那儿花朵在发芽。
要是看见一朵玫瑰花,
就说我托你问候她。

我的记忆里盛开着

我的记忆里盛开着
久已剥蚀的景象——
你的声音里是什么
把我深深震荡?

别说你爱我!
我知道,春天和爱情,
世上最美的东西,
终将成为画饼。

别说你爱我!
只吻我吧,微笑一下,
什么别说,明天我指给你
看那枯萎的玫瑰花。

你写的信

你写的信
并不使我慌张;
你说你不再爱我,
可你的信却很长。

整整二十页,紧凑而娟秀!
一篇小小的手稿!
谁也不会写得那么详细,
如果真想分道扬镳。

从前我有个美丽的祖国

从前我有个美丽的祖国。
橡木
在那儿长得老高,紫罗兰微微弯腰。
这是一个梦。

它明明白白吻过我,明明白白
这样说(听起来多么称心,
简直难以相信):"我爱你!"
这是一个梦。

赞美诗

我是剑,我是火焰。

我使你们从黑暗中显现,战斗一开始,我拼搏向前,
　　冲到第一线。

我周围躺着战友们的遗体,可我们胜利了。我们胜
　利了,可周围躺着战友们的遗体。在欢腾的凯歌声中响
　起了挽歌的合唱。但我们来不及庆祝,也来不及悲伤。
　号角又在响,且来再战一场——

我是剑,我是火焰。

哪 儿

哪儿是倦游浪子
最后的归属？
是南国的棕榈还是
莱茵河畔的菩提树？

难道我会被陌生的手
埋葬在一片荒原？
或者我将长眠
在海滨的沙滩？

无所谓！把我环绕
有上帝的穹苍，哪儿都一样，
恍如灵前的灯苗飘摇，
夜间有星星在我头上。

学　说

敲起鼓,别恐惧,
且跟随军女贩亲嘴去,
这就是全部的学问,
这就是道理深奥的书。

起床鼓敲得朝气蓬勃,
把人从睡梦中敲醒,
敲着鼓勇往直前,
这就是全部的学问。

这就是黑格尔的哲学,
这就是书本的深意!
我读懂了它,因为我是一名
好鼓手,因为我聪明伶俐。

夜 思

夜间我想起了德意志,
睡意一下子全然消失,
我再也闭不上眼睛,
我不禁热泪滚滚。

岁月来去不停!
自从我拜别了母亲,
匆匆过去了十二年;
与日俱增着我的眷恋。

我的眷恋与日俱增,
老太太勾去了我的魂,
我成天想着这位年老、
年老的太太,愿她安好!

老太太爱我没有说的,
在她写给我的信里,
我读出她的手在颤抖,
一颗慈母心感人肺腑。

母亲永远留在我的心头。
悠悠十二年已经流走,
悠悠十二年已经流完,
自从我不再把她锁在心间。

德意志会永远存在,
这个国家将历久不衰!
它的橡树,它的菩提树,
我总会同它们重新会晤。

我不会那么渴念德意志,
如果不是母亲还在那儿;
祖国永远不会灭亡,
可老太太风烛残年活不长。

自从我离开那个国家,
多少人已经瞑目地下,
我爱他们——要把他们数一数,
我的心有再多血也不够流。

我又必须数一数。——我的痛苦
随着数目而不断加剧;
仿佛那些尸体辗转在我胸间。
——谢天谢地!它们已经看不见!

谢天谢地!透过我的窗
照进了法兰西晴朗的阳光;
我的妻子走来了,她美好如白昼,
用微笑笑走了德意志的忧愁。

西里西亚织工

阴凄的眼睛里没有泪花,
他们坐在织机旁露齿咒骂:
"德意志,我们织你的裹尸布,
我们把三重的诅咒织进去——
我们织呀,我们织!

一重诅咒给那个假上帝,
我们饥寒交迫向他把愿祈;
可我们白白等了一大场,
他糊弄我们让我们出洋相——
我们织呀,我们织!

一重诅咒给阔佬们的国王,
我们的悲惨软不了他的心肠,
他把最后几文钱从我们抢走
还把我们毙掉简直不如狗——
我们织呀,我们织!

一重诅咒给虚伪的祖国,
那儿唯有卑鄙与龌龊,

那儿花朵很早就遭摧残,
那儿腐朽和霉烂让蛆虫饱餐——
我们织呀,我们织!

梭子嗖嗖,织机嘎嘎,
我们日夜织着从不停一下——
老德意志,我们织你的裹尸布,
我们把三重的诅咒织进去。
我们织呀,我们织!"

卑尔根的光棍

莱茵河畔杜塞尔多夫的宫廷里
正在举行假面跳舞会；
烛光摇曳，乐声悠扬，
红男绿女，蹁跹相随。

美丽的公爵夫人跳着，
她不断纵声大笑；
舞伴是个细长的花花公子，
彬彬有礼又敏捷灵巧。

他戴着一副黑绒假面，
欢快地从里向外观看，
眼睛宛如一柄利刃，
刚从鞘里抽出了一半。

他们跳着跳了过去，
狂欢节的傻瓜们便一阵鼓噪。
德利克斯和马丽采比尔①

---

① 德利克斯和马丽采比尔，是莱茵河畔假面跳舞会上常扮的两个男女角色。

皱着鼻子呲着舌向他们问好。

喇叭在里面尖叫,
滑稽的低音风琴在轰鸣,
直到最后舞蹈止步,
音乐戛然而停。

"夫人殿下,请让我走,
我必须回家,不敢流连——"
公爵夫人笑道,"我不让你走,
在我见到你的面目之前。"

"夫人殿下,请让我走,
我的脸会吓你一跳——"
公爵夫人笑道,"我才不怕,
你的面目我一定要见到。"

"夫人殿下,请让我走,
我属于黑夜和死亡——"
公爵夫人笑道,"我不放你,
见到你的面目是我的渴望。"

他不能驯服这妇人,
尽管拿阴沉的言语来抗拒;
她终于猛地将假面
从他的脸上拉了下去。

"这是贝尔根的刽子手!"一片哗然

吓坏了大厅里的人群，
一个个仓惶退去——公爵夫人
奔向了她的夫君。

公爵为人聪明，他当机立断
洗去了他夫人的耻辱。
他抽出雪亮的宝剑喝道：
"在我面前跪下来朋友！

我这一剑将使你身世清白，
并按骑士为你授勋，
因为你是一名光棍，从此便
称你为卑尔根光棍大人。"①

刽子手就这样变成一名贵族，
还是卑尔根光棍的祖宗。
一个自豪的家族！繁衍在莱茵河畔。
如今他们长眠在石棺之中。

---

① "卑尔根光棍大人"，为古代德国刽子手的一个浑名，这个专业消亡于十九世纪中叶。其本事来源于中世纪。德语"光棍"（Schelm）是一个外来语，原义为兽尸、人尸；后转为屠夫、刽子手；今通作无赖、恶棍解。"你是一名光棍"，实际上是说"你是一名刽子手"。卑尔根在德国哈瑙附近。此诗本事发生在美因河畔法兰克福。

卡尔一世[*]

林中简陋茅屋里坐着
国王孤单而忧伤；
他坐在烧炭工人孩子的摇篮旁，
一面摇着一面单调地唱：

"乖乖睡吧，稻草里是什么窸窸窣窣？
原来羊群在圈里咩咩叫——
你额头上带着标记．
在睡梦中那么可怕地微笑。

乖乖睡吧，小猫死了——
你额头上带着标记——
你长大成人会挥动钺斧，
橡树已在林中颤栗。

古老的迷信已经消失，

---

[*] 卡尔一世，又可译作"查理一世"。欧洲历史上称"查理一世"者甚多，被处以断头极刑的只有英国斯图亚特王朝的国王(1600—1649)，二十五岁即位后对抗国会，压迫清教徒，打击新兴工商业，引发了英国资产阶级革命，被克伦威尔送上断头台。但是，他的死似与烧炭工人无干。中欧烧炭工人曾经有过争取自由的秘密组织，十九世纪初叶先后出现在意大利、法国、西班牙等地。二者出现在诗中，是诗人的联想。

烧炭工人的孩子们——
乖乖睡吧——不再相信上帝,
对国王更不会相信。

小猫死了,小老鼠可高兴——
我们一定会灭亡——
乖乖睡吧——天上有上帝,
人间有我,有国王。

我的勇气完了,我的心在生病,
它病得一天比一天瘦——
乖乖睡吧,你烧炭工人的孩子,
我知道,你是我的刽子手。

我的挽歌就是你的摇篮曲——
乖乖睡吧——事先你将
我灰色的卷发剪掉了——
接着铁器在我颈上叮当响。

乖乖睡吧,稻草里是什么窸窸窣窣?——
国家你已经得到了,
还把我的头从躯干砍下来——
小猫已经死了。

乖乖睡吧,稻草里是什么窸窸窣窣?
原来羊群在圈里咩咩叫。
小猫死了,小老鼠可高兴——
睡吧,我的小刽子手,睡觉觉!"

世　道

谁有许多，
就会越有越多。
谁只有一点儿，
那一点也会被剥夺。

可你什么也没有，唉，
不如让人把你埋掉——
须知享受生存权利，穷光蛋，
只能是那有点什么的阔佬。

追 悼

不会唱弥撒,
不会念珈底什①,
什么也不唱,什么也不念,
每逢我的死忌。

也许到了那一天,
天气晴朗而温煦,
马蒂尔德夫人由保兰陪着
到蒙马特尔来散步②。

她带来死不了编的花环③
为我把坟墓装点,
她还叹口气:"Pauvrehomme!"④
悲哀润湿了她的双眼。

只可惜我住得太高,

---

① 珈底什,犹太人追悼死者时念的赞美诗。
② 马蒂尔德夫人,即海涅的妻子;保兰是她的女友保兰·罗格。
③ "死不了"又名千日红,灰毛菊等,上坟时插用。
④ 法语:可怜的人。

不能为我的爱人
搬来一把座椅；唉，
她双脚累得站不稳。

甜美、富态的人儿，
可别步行走回家；
就在铁栅栏旁，你会
看见停着出租的小马车。

敢死队员[*]

三十年来我忠实地坚守
解放战争的最前哨。
不抱胜利的希望,我战斗,
我回家不会全着身子,我知道。

我日夜醒着——我不能睡觉
像在战友们的篷帐里
(这些勇士的喧响鼾声反倒
使我清醒,即使我有一点睡意)。

那些夜晚我经常感到无聊,
甚至还有点害怕(只有傻瓜才不怕),
为了壮胆,我于是吹起了口哨,
吹一首打油诗音韵泼辣。

是的,我警醒地站着,手拿着武器,
要是走近任何一个可疑的怪物,
我就狠狠射击,射他一颗热的、

---

[*] 原文为法文 *Enfant Perdu*。

滚热的子弹朝那丑恶的便便大腹。

当然有时还会发生这种事情，
这样一个坏蛋同样懂得
射击——唉，我可不能否认——
伤口裂开——我的血流成了河。

岗位空出来！——伤口裂开——
倒下了一个，另一个跟着推进——
我倒下来，没有被战胜，我的枪械
没有碎——碎了的只是我的心。

泪之谷*

夜风吹进了天窗,
两个穷家伙
躺在顶阁上,
那么苍白又瘦弱。

一个穷家伙说:
"用你的手臂搂抱我,
把你的嘴贴紧我的嘴,
我想就你的身子暖和暖和。"

另一个穷家伙说:
"我望着你的眼睛
就忘掉不幸,饥饿,寒冷
以及我在尘世所有的酸辛。"

他们吻了很久,他们哭得更久,
他们叹息着手握住手,

---

* 原文直译为"悲谷",又可译为"泪之谷",即尘世、红尘、苦海之意。《旧约·诗篇》(第84篇第6节)作"流泪谷"。

他们有时笑,甚至还唱,
最后他们哑了口。

二天早上来了巡官,
还有出色的外科大夫
陪着察看,他证实
这两具尸体确已死去。

他宣布,"天气恶劣,
加上胃里空空如也,
造成二人的死亡,至少
把死亡催快了些。"

如果出现霜冻,他补充,
务必要用羊毛毯
为他们御寒;同时他还
推荐富于营养的菜饭。

忠　告

别烦恼。别羞愧！
大胆追求,高声索取,
你会觉得如鱼得水,
你会娶个新娘回家去。

把金子扔给音乐家,
琴弦会加强节日气氛；
要是吻了你的妻舅妈,
你马上想到:让她见瘟神！

对老爷要把好话讲,
对夫人也不能马虎；
可别舍不得你的香肠,
如果你杀了一头母猪。

即使你讨厌教堂,傻冒,
你也应当去得勤；
在牧师面前把帽脱掉
还要送他葡萄酒一瓶。

你觉得哪儿痒得难忍,
要擞得像个绅士模样;
你的鞋夹得你脚疼,
换双拖鞋又何妨。

你太太在汤里多加了盐,
忙微笑着对她说,"好宝贝,"
千万把怒气捺在一边,
"你烧的菜样样有味。"

你太太想要一件披肩,
就买两件送给她;
外搭金鞋扣、细花边,
还有珠宝首饰一大挂。

这些忠告你若持之以恒,
那么,我的朋友,你何止于
在人间得到安宁,
将来在天堂更会享福。

别理那些神圣的训喻

别理那些神圣的训喻，
别理那些虔敬的假说——
设法把这些该死的问题
为我们解决个干脆撒脱。

为什么正义血淋淋困顿
跋涉在十字架的重压下，
而邪恶反倒成为胜利者
骑上高头大马叱咤？

究竟错在哪里？是不是
我们的主并非真正全能？
或者他本人就在瞎胡闹？
果然的话，唉，那真难为情。

我们要不断地这样问，
直到人们用一手泥巴
把我们的臭嘴堵住——
可这也算是个回答？

别着急

别着急我在世人面前
会泄露我的爱,
如果我为你的美貌
说出种种隐喻让人猜。

在一个开花的林子里
悄悄掩藏着小窝棚,
里面有那炽烈的秘密,
有那十分秘密的热情。

一旦从玫瑰喷出了
可疑的火星——别着急!
这世界不会相信是火焰,
他们会认为是诗。

我的白天晴朗……

我的白天晴朗,我的黑夜幸福。
我的人民向我欢呼,每当我弹唱
诗艺的弦琴。我的歌是希望和火光,
煽动起许多美丽的热烈情愫。

我的夏天还在开花,我却把收获
已经装进了我的仓柜——
使世界对我显得如此可贵
而又可爱的一切,我就要摆脱!

乐器从我手中落下了。酒杯破裂
成碎片,我当年多么欢悦
把它凑近我豪放的嘴唇。

哦神!死亡多么痛苦而又丑恶!
哦神!生活在这温馨甜蜜的人间小窝
该是多么使人感到甜蜜而又温馨!

空话！空话！

空话！空话！没有行动！
从没有肉体,亲爱的玩偶,
永远是精神,汤里没有粉团,
更没有烤肉！

不过,骑着激情的骏马
每天驰骋,
需要猛烈的腰力;
也许于你有碍卫生。

是的,我几乎害怕,姣姣,
会把你磨得骨立形销
那粗野的爱的追逐,
爱神的 Steeple – chase①——
　跳栏赛跑。

我却绝对相信,对你来说,
一个像我这样的病号,

---

① 法语:跳栏赛跑。

作为爱人是十分健康的,
即使四肢动也动不了。

所以,亲爱的,把你的冲动
献给我们的心灵纽带;
这对你是十分补身的,
是一种有益健康的爱。

当真,我们两个是

当真,我们两个是
古怪的一对,
女的双脚不便,
男的甚至是残废。

她是一只虚弱的小猫,
他则病得像狗一样,
我以为,我们两个
头脑都不特别健康。

自己是一朵莲花,
女的这样想象;
可那苍白的小伙子
却自比作月亮。

莲花在月光下
绽开了花萼,
但没有授粉的蜂蝶,
她只领到一首诗歌。

易卜生

鸟与捕鸟人[*]

小时候我用针叶树苗
编出了一只鸟笼。
一,二,三——小鸟儿
蹬进了窄窝棚。

我以残忍的快意
把它提回了育儿室,
用狞笑和怪脸
把囚鸟吓个半死。

直到这些玩笑似的
折磨不再觉得有趣,
我才打开了笼门,
放可怜的小家伙出去。

瞧,它抬起了小脑袋
朝亮处拍了拍翅膀,
它又有了生活和自由——

---

[*] 挪威著名剧作家亨利克·易卜生(1828—1906),一生创作戏剧二十五部,写诗始于十九岁戏剧创作之前。

不幸碰着玻璃落地而亡。

捕鸟小伙子而今坐了牢，
他的翅膀几乎折断。
可怜的囚鸟，你报了仇——
瞧他枉然拍打着栅栏。

也有一只不眠的眼睛
朝着他的囚室窥探——
在这可怕的监视下
他浑身毛骨悚然。

当墙壁裂开一条缝，
自由仿佛闪向他的目光——
喏！栅栏在嘲笑他的飞翔，
他挟着折翅跌落在地上。

(1850)

矿　工

爆裂的岩石,带着吼叫和粉末
在我的重锤面前土崩瓦解。
我必须深砸深挖进去,
才听得见叮当着金银铜铁。

在山脉哑默的腹腔里
深埋着丰富的宝藏:
猫儿眼在引诱,祖母绿在呼唤,
还有金枝玉叶在闪光。

纵深处是一片寂静,
太古的寂静和安谧——
重锤向前开路,
直达大山的心底!

从前我也是个快活少年,
坐在天幕下数着星斗,
踏着夏日绚丽的道路
天真烂漫,乐而忘忧。

而今在黑夜的矿井里

我一点也见不到光,
大地欢畅的音响
传不到隐修洞里的走廊。

我最初下坑的时候,
还像孩子一样相信胜利,
相信深渊的精灵会解答
使我绞尽脑汁的哑谜。

但是在大山的活坟墓里
只有死寂,只有黑暗;
没有一个声音呼应我,
没有一点光照在我前面。

难道我误入歧途?这条路
竟不通向顶头的光明?
但我一旦到了坑外去寻它,
我的眼睛会给晃得不敢睁。

不,还是向下砸吧,纵深处
有太古的寂静和安谧。
重锤向前开路,
直达大山的心底!——

一锤一锤地砸吧,
直到生命之灯熄灭。
即使没有一线希望的预兆,
即使永远是深沉的黑夜!

(1851)

音乐家们

我时时刻刻想着她
在那银白的夏夜里；
但我得经过那条山溪
在露水沾湿的冬青林地。

哈！你可懂得那迷人的歌，
它很快诱惑了她的灵魂，
以致她在教堂和大厅里
一往情深地把你紧跟？

我从池塘里呼唤水妖；
为它的技巧我五体投地；
但待我掌握它的秘密，
她却躺在我兄弟怀里。

通过大厅和教堂
我独自一路奏去；
溪流可怕的歌声
一直扰乱我的心曲。

(1851)

绒　鸭

蓝灰色狭湾锯断了海岸,
绒鸭在这儿忙把家安。

它从胸口撕下绒毛一团团,
在岩石里把家安得舒适又温暖。

狭湾渔夫没有一点儿同情心;
他把鸭窝抢得一根绒毛也不剩。

可绒鸭充满无畏的生活乐趣,
它重新来撕自己的胸脯。

一次又一次地被劫掠,
它在隐蔽的洞口重新来做窝。

但当命运给予它第三次打击,
它便带着流血的胸脯飞起——

飞离寒冷的、不好客的国境,
向南,向南,南飞到阳光普照的海滨。

(1851)

羞明者

我小时候,没有一个孩子
比我有更大的胆量——
那就是说,只要有阳光
披在我的肩膀上。

但每当夜色弥漫
掩盖了山丘,田野和树林——
我就害怕传说里
那些邪恶的精灵!

我一闭上眼睛
就梦见那些混账东西——
天知道,我的胆量
都跑到了哪里?

现在竟然在我身上
黑夜和世界合而为一;
我的勇气消失之时
正是黎明来临之际。

现在白昼的妖魔，
生活，忙碌的生活——
正在我冻僵的心胸
燃起了恐怖和惊愕。

我连忙躲了起来，
披上黑夜的伪装，
忽然间我像好汉一样
苏醒了旧有的胆量。

洪水和火焰都吓不倒我，
我像鹰隼一样翱翔；
我再也没有恐怖——
直到出现新的晨光。

但要是没有黑夜保护
我就将一筹莫展。
是的，如果我有什么建树，
那得归之于夜的才干。

（1855）

建筑计划

我清楚记得,一切恍然如昨,
晚间终于发表了我的处女作。
我坐在斗室里烟雾腾腾,
边抽烟边梦想锦绣前程。

我想建筑一座空中楼阁,充满阳光,
天风拂拂,一个正宫外加两个耳房;
大间住着一位不朽的诗人,
小间为一位温柔少女而开门!

我满以为设计得多么谐美!
却不料到头来面目全非!
主人醒来发现,原来不成格局:
大间太小,小间一塌糊涂。

(1858)

鸟　曲

春天有一次我们
漫步在公园的林荫；
那块禁地如秘密
把我们吸引。

微温的西风①吹拂着，
天空蓝得真可爱；
菩提树梢坐着又唱着
年轻的麻雀太太。

我画着诗人的画，
五光十色如同彩虹；——
两只棕色眼睛低垂着
在我嘴边光芒炯炯。

喊喊喳喳又嘻嘻哈哈，
在我们头上飞来飞去；——
我们，我们告别：保重！

---

① 欧洲的春天往往刮"西风"，相当于中国的东风。

怕再也不能相遇……

而今我独自
漫步在公园的林荫，
小小羽族聒噪不已，
简直不让我安宁。

想不到麻雀太太窃听过我们
当时我们正在这儿叽叽咕咕，
它们为我们编了一支歌儿
还把歌儿谱成了曲。

于是所有鸟儿都跟着唱；
林中没有一根树枝
不再停着一个冒失鬼
在那明媚的日子。

(1858)

野花和盆花

"天哪,你的胃口真低,
你的眼睛长到了哪里?
她一点不美,说得不客气,
我对她简直爱理不理。"——

无疑我多次遇见这种口吻,
这是日常的生活戏文,
每当我从普通妇女群
为自己挑选一个样本。

作为越冬的观赏植物
它摆在窗台上何等光彩;
在壁炉烘暖的土盆里
它绿油油多么可爱!

它按规则睡去又醒来,
每根卷须都学会各自的职责;
如果我世故,是的,我将从
普通大多数中间来选择。

管它什么世故不世故！
我讨厌喋喋不休的假面人；
她可呼吸着田野的气息
和十六个夏天的清芬。

(1858)

在画廊里

在青春的光华里
我遇见了她,
她坐在画廊里
临摹一幅画。

小学徒开始画
什么,瞅瞅!
啊,原来是一幅
穆里洛①的圣母!

她眷恋地凝望着
同时还在思索;
她在梦幻中建筑
一个美的王国。——

多少年过去了,
我又回来一趟,
我祝福在这里

---

① 穆里洛(1617—1682),西班牙画家。以宗教故事、乞丐、流浪儿为主要题材。

幸福度过的时光。

人老了而且成熟
我又遇见了她,
她仍然热情地
献身于画。

可让人瞅见——什么?
那是——唉,瞧吧!
我不敢相信自己的眼睛:
原来还是同一幅画!

她一直坐在这里,
专注于画的时候,
生活引诱过也闪耀过,
她却让它流走。

多年来她一直坐着
面对摹本神往,
唉,不知不觉
她已白发苍苍!

她眷恋地凝望着
同时在思索;
她在梦幻中建筑
一个美的王国。

(1859)

致幸存者们[*]

你们现在大声把他歌颂；——
可他当初死在血泊中。

他点燃火炬照亮他的国土；
你们却把火印烙在他的额头。

他教会你们挥舞宝剑；
你们却用它刺入他的心田。

他曾经同魔鬼作殊死战；
你们却在背后给他使绊儿。

可他赢得辉煌成就，
你们竟无耻地据为己有——

---

* 本诗系悼念丹麦诗人，剧作家兼批评家约翰·路德维希·海伯格（1791—1860）。海伯格的创作有傀儡剧《唐璜》（1814）、诙谐剧《圣诞节逗乐和新年笑料》（1816）、小歌剧《批评家和动物》、讽刺儿童教育的《四月的傻瓜》（1826）、节日会演剧《精灵山》（1828）等。他试图改造公众的欣赏趣味，而与皇家剧院决裂。一度被认为是诗意批评的先驱，对基克果德、安徒生等均有过影响，晚年日渐为当代舆论所抛弃。易卜生这时为世人对这位先驱者的冷漠而愤慨，便写出了这首诗。

一定要珍惜他的战绩，
好让戴荆冠的战士安息！

(1860)

错综复杂

花园里长着一株苹果树,
开花前一片叶也没长出。

小蜜蜂在园里飞来飞去,
苹果花使它很感兴趣。

它们俩相爱很真诚;
随即便把婚约订。

小蜜蜂夏季要远行——
子房已从花蕊探出身。

蜜蜂和子房都很忧伤,
可也实在无法可想。——

且说一只贫穷而诚实的老鼠
一向在树根旁边安居。

它叹道:"你要属于我,哦子房,
我的洞便会是天堂!"——

小蜜蜂去而复归时,
发现子房变成了果实。

蜜蜂和果实都很忧伤,
可也实在无法可想——

在树枝顶端,山墙角落,
一只麻雀做了窠。

它叹道:"你要属于我,哦果实,
我的窠决不比天堂次!"

蜜蜂和果实都很忧伤,
老鼠和麻雀可满足了欲望;

本来一切都太平无事——
用不着谁来说三道四。——

不料苹果突然落下来——真可惜!
马上老鼠跟着嗝儿屁。

麻雀也在窠里死掉了,
人们把圣诞树枝绑成了鸟。

于是忠实的蜜蜂自由自在,
因为夏天和花朵一去不回来。

它便飞进蜂箱去寻找安宁,
后来死在那儿成为制蜡人。——

看哪,一切烦恼本来都可免除,
如果蜜蜂回家时变成老鼠;

如果老鼠变成麻雀得到果实,
那个结局真是皆大欢喜!

(1862)

一朵睡莲

亲爱的,瞧我给你送上
这朵花带着白色的翅膀。
它原浮在林中湖的水面
迷离恍惚地享受着春天。

别让它再把家留恋,
且把它佩在你胸前;
在它的花瓣下面流过
静静的深深的波。

在湖边流连要当心!
在那儿做梦太久要当心!
暗处窥伺着水妖;——
水莲在亮处闪耀。

可你的胸口就是一条河流,
我不敢在那儿做梦太久!
水莲在亮处闪耀;——
暗处窥伺着水妖。

(1863)

走　了

把最后一位客人
送到了大门口；
"再见！再见！"——
余音被夜风吹走。

你甜美的歌喉
刚才在这儿高唱；
而今大厅和花园
已变得暮色苍茫。

这不过是一次休憩，
一次短暂的协调！
她不过是一位客人
现在她走了。

（1864）

天　鹅

天鹅，白天鹅，
我的哑天鹅，
你从不肯给我
唱一支歌。

做梦的精灵
潺潺作响，
你边滑边偷听
在轻轻泛泡的小河上。

到我们分手之前
你秋波一转，信誓旦旦，
不过在说谎和受难，——
歌声终于被我听见！

歌声轻扬，
你已走完你的路，你；——
在死亡中歌唱。
你毕竟是只天鹅，你！

(1865)

记忆的力量

看见一只驯熊跳舞你会笑；
你可知道人们怎样教它跳？

先把它在酿酒铜锅上绑得牢牢，
再在铜锅下面把火一个劲儿烧。

然后一言不发地给它上课——
单用手摇琴奏起《生活之乐》。

铜锅一烧热，熊几乎被烤焦，
实在站不住，不得不使劲跳。

从此每当响起它熟悉的琴声，
一个跳舞精灵就钻进它的脚心。

我也曾经被绑在那口铜锅上，
火同样在燃烧，手摇琴同样在响。

那地狱之火真个叫人害怕，
至今我还留着那时的伤疤。

无论何时我一想起那一遭，
就觉得眼睛给扎了一刀。

那刀深深刺进我的脑部，
我必须按照韵律使劲跳舞。

（1864）

家　居

屋子静悄悄,街巷寂寥。
我坐着,给灯带上罩,
房间被暮霭整个没掉;
孩子们进来点头磕脑,
恰遇见我的烟斗烟雾缭绕。

我梦游的孩子们一进房门,
哦小小子小妞儿跳跳蹦蹦。
浴罢双颊绯红绯红——
在童话世界也少见
这样欢乐而疯狂的闹腾。

正当大伙儿兴致挺高,
我偶然朝镜子里一瞧,
里面一个陌生汉,严肃而沉着,
纽扣扣紧,眼色似笑非笑,
靸着毡鞋,要不是我搞错了。

孩子们一下发了愣,
个个站着像个木头人,

或者把拇指一个劲儿吮;——
一个生人闯进来,
最大胆的孩子也会目呆口瞪。

(1864)

致吾友,一位革命演说家

他们可是说我变成保守派?
不,我毕生的信念坚决不改。

你出车跳马未必会把对手将死
重摆一盘棋吧,我来当你的棋子儿。

须知我只承认一种革命,
决不能由三心二意者执行。

论光荣与彻底当以它为最,
我指的是创世记的洪水。

即使那时,魔王也会失算;
瞧吧,来了诺亚,他将主宰波澜。

让我们再一次来盘根究底;
言与行必须合而为一。

你把世界淹齐了咽喉。
我却乐于用鱼雷袭击方舟

(1869)

谢　意

黑夜降临我的前方：
她于是担心；
我的希望充满力量：
她于是高兴。

她的家在海上
享有无限自由，
那儿闪现、摇荡着
我的轻舟。

她的周围簇拥着
一群幻影——
旌旗招展，号角悠扬，
穿过了我的歌声。

她的志愿是燃起
我胸中的烈火；
却没有人知道
是谁把它点着。

因为她从不计较
我所欠的谢意,
我才写出这首诗
表示我不忘恩负义。

(1871)

焚烧的船

他把船首
转向了南方,
厌倦于北方诸神
航向更友好的海港。

雪国的信号
已向大海沉没;
在南方的阳光里
寄托着他的梦。

他焚烧了他的船;——
浓烟冲霄,
蔚蓝的天空架起
通向北方的桥。

从南方明亮的丛林
每夜每夜
一个骑士独自
驰向覆雪的茅舍。

(1871)

海　燕

海燕栖处深不可测；——
老水手讲的我都记得。

她的羽翼闪着浪花和泡沫；
她踩着波涛永不沉没。

她随着大海升降起伏；
她沉默于宁静,和暴风雨一同高呼。

这是飞翔与游泳之间的一次航行,
是天堂与地狱之间的一片梦境。

太轻于波浪,又太重于空气——；
诗鸟,诗鸟,——麻烦就在这里!

最糟糕是,智者听了摇摇头,
说故事大部分是老水手的胡诌。

(1871)

我的新葡萄酒

你觉得你是新葡萄酒，
在我这只桶里倒腾不安。
你发出甜味，冒泡如珠向外流，
你猛烈发酵，你归我所有；——
酿造过程已经中断。

一个小鬼把我的酒偷着糟蹋；
剩下残渣发酵如地狱之火。
可我不能当你的面一声噼啪；
亲爱的，我不能爆炸，——
我只好一味瘪缩。

留念册题词

我祝你幸运,
我最美丽的星。
你也祝我幸运,
我的幸运欲近还停,
它也是一颗星,一颗流星,
消失在黑暗和远程。

为一位作曲家题词留念

俄耳甫斯的纯粹音乐
惊醒了野兽的心灵和石头的情热。

这里到处都是石头,
还有各种野兽。

演奏吧,让火从石中迸出来,
让兽皮铿然裂开!

林肯被刺

在西方那边放了一枪,
惊醒了欧罗巴。
嗨,这一下把所有肩章和袖章
猛地撞成了一团乱麻!
你古老的欧罗巴有秩序有法律,
动不动对任何恶作剧加以惩戒;
虔信和公正的令名无可非议,
对一切恶有更诚实的忧虑,——
你怎么突然变得苍白!

然后盖上独角兽和山雕
和其他纹章动物的黑色蜡印;
货船快从危险的缆绳脱掉,
人们沉溺于紧急的电讯。
棉花大王,光荣之子,
千万人被谎言魔力拉拢成团
抓住了和平的橄榄枝,——
那一声左轮近在咫尺,
他倒下了,一个男子汉!

你们垮台了。欧罗巴的参议员,
这可就是法律和习俗,你说?
一桩强力游戏,一种两面手段,
世人早就见识过。
也就是说,乌鸦相互勾结,
以免受到其他鸟类伤害。
难道你们忘却,波兰人怎样毁灭?
还有英国舰队在丹麦的罪孽?
为什么到**现在**才着急起来?——

红玫瑰在彼岸红光闪闪,
你们看到一幅多么可怕的景象,——
它曾经在欧罗巴土地上开绽,
而西方给它肥沃的土壤。
那灌木染红了阿美利加的沿海,
你们自己乐于将它移栽;
你们等待把玫瑰摘下来,
把那烈士血红的骑士绶带
亲手别在亚伯拉罕·林肯的胸怀。

历史的田亩像施粪肥一般
堆满忘却的誓词,被违犯的条款,
书面确认的合同之被撕毁的文卷,
以及无人遵守的诺言。
而你们还盼望一次壮丽的丰产,
不长莠草,不长荆棘!——
看哪,种子发芽了!何等漂亮的外观!
你们都惊诧不已,一筹莫展;

313

因为长出来不是嘉禾而是剑戟!——

哪儿在刀尖上面飘荡着公理,
哪儿在绞颈架旁建起了法院,
哪儿就比唇枪舌剑的此地
更接近胜利起义的一天。
一个意志醒着,有朝一日撒谎大家
的监狱塔楼就要被推翻;
那时时间将颠倒成一幅漫画,
暗中咬啮的蠕虫真可怕,
正在甲壳中将骨髓吸干。

一个恶魔以永恒之力掌着权,
浮华世界变成了它的赃物:
尼罗王金碧辉煌的宫殿
全都化为尘土。
但正当罗马市民的罪行
在世上从南到北流传,
暴君却被奉为圣贤;
皇帝的尊容必须作为神
金灿灿位于元老院。

都垮掉了:城堡和竞技场,
庙堂和圆柱一同坍塌;
最伟岸的大理石雕像
被践踏在野牛的蹄下。
但废墟上将有新建筑再起;——
可这只延续一个短暂的时间。

现在迫切需要时代恢复青春期；
不久那里，不久那浮肿的土地
将毁灭一切地升起了灾难。

但我们跋涉在沼泽里面，
我不会叫喊"糟糕"，"哎呀！"
当我在时间之树上看见
熊熊然萌发了毒花！
唯愿蠕虫咬啮到腐朽种种
猛地一下子倒坍！
"制度"当然会丑化自己的面孔，
报复临近了，法庭将从
时代的谎言着手最后的审判！

光雾中的星

正是在我为了返乡匆匆
而作的彗星之旅下方,
不意在仙女星座身旁
出现一个生客在宇宙中。

它将我们地球的信息传布:
在新婚的寂静的远处
混沌形成了一个星宿,
当周围产生了聚集的规律。

周围还有另一片混沌:
参差的意志在分散的路途上
沉默于同一轨道,不急不忙
为了移向一个中心。

但当我再次立于寂静的远处,
我不得不想到发生的一切,——
不得不斟酌我亲眼得见的一切:
那形成星宿的光雾。——

光雾在北方这里也找得出，
它在空间混乱地横冲直撞。
它也许是一个星辰在酝酿，
按照那结合自身的世界规律？

四行诗

生活就是——同心中的
魔鬼作殊死战。
写诗就是——对自己的
灵魂进行审判。

（约 1877）

叔本华

十四行[*]

悠长的冬夜永不会告终；
仿佛永不再来，太阳在徘徊；
风暴呼啸着与猫头鹰比赛；
在腐朽的墙上水声叮咚。

而打开的墓穴送出它们的鬼物：
它们围着我兜圈子，企图
吓唬灵魂，使它不得复苏；——
我却对它们不屑一顾。

白昼，白昼，我要大声将它公布！
黑夜和鬼魅将从它逃开：
它已由启明星加以宣传。

天快要亮了，即使在最深的底部：
世界将布满光辉和色彩，
无涯的远方是一片深蓝。

（魏玛，1808）

---

[*] 叔本华（1788—1860），德国哲学家，《作为意志与表象的世界》是其主要著作，《附录与补遗》是其著名散文集。作者这里的几首诗，当时发表据说是为了与读者沟通，并"向后世的同情者呈献一份礼品"。

施瓦茨堡的谷中岩石

在阳光明媚的日子里,我独自行走在
林山的谷中,注意到岩石的嶙峋肢体,
它们模糊地摆脱了森林之子们的喧嚷。
看哪,我听见,通过冒泡林溪的潺潺声,
一座巨岩向其他岩石这样问好:
"和我一起高兴吧,兄弟们,你造物主最古老的儿子们,
高兴爽人太阳的光今天还在围绕我们嬉戏,
跟初升时一样温暖一样慈和
在世界童年的日子里照着我们,哦照在我们身上。
从那时起许多缓缓来临的冬天
给我们的头颅戴上雪帽,安上冰柱做的胡子,
从那时起我们许多坚强的兄弟
为共同的敌人,繁茂的草木,
——倏忽即逝的时间之子,的确!始终举止新颖,——
所深掩所埋葬,不幸永远再见不着
这令人愉悦的阳光,可他们曾经**和我们一起**见过
它一千年又一千年,在那群坏蛋当时从腐朽诞生以前,
他们现在威胁我们,哦他们的兄弟,以毁灭威胁我们,
如此坚决地从四面八方向我们挤压过来了,——
哦坚强地挺立吧,我的兄弟,紧紧集合在一起,

一致抬起头来向太阳,让它长久地照耀着你们!"

(鲁道夫施塔特,1813)

暴风雨中从云层射出的日光

哦你怎样安歇在折服并驱散万物的暴风雨中，
坚定，稳固而宁静，你悦人的太阳的光线！
像你一样微笑，像你一样和蔼，像你一样坚定而永远清明，
智者安歇在充满烦忧的生活的暴风雨中。

哈尔茨山的早晨

从沉重的雾气,从黝黑的云层,
整个哈尔茨山凝望着晦暝:
世界混浊不堪。——
阳光来了,
它在微笑,
一切亲切而欣然。

它铺照在山坡,
静静歇着,久久歇着,
心灵欣喜若狂。
然后它移向山顶,
它拥抱整个山顶:
大山多爱太阳!

望西斯廷小教堂的圣母像[*]

她把他带到世间来:他显得惊愕
于其惨状之混乱的迷津,
于其呼号之狰狞的狂暴,
于其行为之不治的愚蠢,
于其折磨之不解的痛楚,——
惊愕:然而眼睛闪出宁静与信任
与胜利的光辉,宣告
拯救之永恒的确信。

(德累斯顿,1815)

---

[*] 西斯廷小教堂位于梵蒂冈,以米开朗琪罗的巨型壁画而知名。德国德累斯顿有圣母像的复制件。

大言不愧的诗

（写于1819年4月从那不勒斯到罗马途中，我的主要著作于1818年11月出版。）

> 来自久久怀抱、深深感触的痛苦
> 它从我的内心向上升腾而出。
> 我曾奋力把它抓紧：
> 我知道我终将大功告成。
> 你们想怎么着都随你们：
> 你们不能危害它的生命。
> 你们无法阻止它永垂不朽：
> 后代自会将丰碑为我而筑。

致康德

（在康德逝世的那天，天空晴朗无云，我们少见的天气：只有小小一朵淡云浮在蔚蓝天顶。据说一个士兵在施米德桥上嚷着，叫环立的人们注意："瞧，那是康德的灵魂，它正向天空飞去。"E.F.罗伊施：《康德及其餐友》第11页。）

> 我目送你去你的蓝天，
> 蓝天里消失了你的高飞。
> 我独自落后于蜂拥之间，
> 用你的话自慰，用你的书自慰。——
>
> 我设法使不毛之地振奋
> 用你的话语之隽永的音响：
> 我周围一切于我很陌生，
> 世界荒凉，生命漫长。

（未完）

图兰朵之谜[*]

这是一个山怪,被召来为我们服务,
站在我们身旁,当我们遇见许多困难。
如果我们大家都悲惨地死去,
他就不会每天听我们使唤。

需要严格的纪律把他管制,
才可把他的力量始终束缚;
不能让他从我们眼中消失,
一刻也不能对他疏忽。

他的作风如魔鬼般狡诈而阴毒:
他孵化祸患,图谋背叛;
他跟踪我们的生活和幸福,
慢慢准备可怕的事端。

---

[*] 图兰朵系以波斯诗人奈扎米(1140—1203)一部叙事诗为蓝本、由法国学者克洛瓦翻译创作的东方故事集《一千零一日》里的一位女主人公。公主图兰朵让她的求婚者猜谜,如果猜不中,便把他杀掉;在杀了许多求婚者之后,她终于对一位猜中谜语的娇客以终身相许。这个题材曾由意大利作家卡洛·戈齐(1720—1806)写成一个喜剧(1762),该剧并由席勒于一八〇二年搬上舞台;一九二〇年由意大利音乐家普契尼据以创作歌剧《图兰朵》。叔本华这里所写与这个故事并无关涉,不过借题发挥他对人世的怨愤而已。

他终于粉碎了桎梏,
摆脱了为之久久呻吟的束缚;
于是他赶忙为其被奴役进行报复,
他的盛怒大如他的欢呼。

现在他是主人,我们是他的奴仆:
从此所有尝试均将枉然,
我们古老的权利别想收复:
强制完蛋,魔法破产。

奴隶的狂怒尽情泄尽:
它给一切充满死与恐惧:
在短期内,在少数恐怖时分,
它吞噬了主人和他的房屋。

(柏林,1829)

吕底亚[①]的石头

在一块黑石上磨金子
一道黄迹也磨不出：
"这不是真金。"都说。
把它扔到废铁里去。

后来才发现，那石虽然
是黑的，却不是试金石。
金子现在被找出来获得好评：
只有真石才能证明真金足赤。

(1830)

[①] 小亚细亚古国名，据云产试金石。

花　瓶

"瞧吧,我们只开几天,只开几小时,"
一束色彩绚丽的花冲我直喊,
"尽管冥府临近,仍然吓不倒我们:
我们随时在那儿;活得同你一样久远。"

（1831）

胸　音

（在我从拍卖行买到一本塞万提斯的悲剧《努曼西亚》里，原先的主人写进了如下一首奥·威·封·施莱格尔的十四行。我读完悲剧之后，在旁边也写了一首绝句，题为《胸音》，因为前作题为《头音》。①）

　　塞万提斯剧中已描画
　　整个城市的自杀。
　　一切破碎，吾人只剩余
　　向自然之源归去。

附：

头　音

　　努曼西亚自由而英勇地抵御
　　罗马大军，它已因长征而萎顿。
　　不可逃避的命运业已临近，
　　西比翁在重新整顿军人的纪律。

---

① 古代西班牙努曼西亚城四千居民抵抗八万罗马侵略军，至死不降；城破时仅余一少年，拒绝交出城门钥匙，面对罗马统帅西比翁，从高塔坠地而亡。"胸音"为真音；"头音"为假音。

没有堡垒,备受煎熬,武器帮不成
勇士们;他们,妇女,儿童
投入火焰深渊,结成死亡联盟,
以便从胜利夺取战利品。

于是西班牙在屈服中取得胜利:
它的流血的英雄们豪情满怀
穿着威武的厚底靴走向地狱。

利比亚没有生出他们,希尔卡尼亚①也未必,
它们在哭:最后的罗马人在这里大概
也对着最后努曼西亚人的骨灰坛哭。

——奥·威·封·施莱格尔
(美因河畔法兰克福,1837)

---

① 希尔卡尼亚,古代地名,在里海东南,先后属米底、塞琉、安息等帝国。

第七十三首威尼斯警句的对唱

很多人蔑视狗,这不会使我惊奇:
因为狗可惜太经常令人惭愧。

      歌德的第七十三首威尼斯警句为:
      "世人那样爱狗,这不会使我惊奇:
      因为人和狗同是卑鄙的坏东西。"①

---

① 用钱春绮译文。

吸引力

你想浪费思想和文才
去为自己拉帮结派？
不如给人们好酒好菜，
他们自会成群向你奔来。

终　曲

我现在精疲力尽地站在跑道的终点，
衰弱的头颅几乎支不起那顶桂冠。
但永远不为别人的瞎三话四所动，
我高兴地看到我的成就在眼前。

(1856)

切斯瓦夫·米沃什

路过笛卡尔大街 *

路过笛卡尔大街
我走向塞纳河,腼腼腆腆,一个旅客,
一个刚到世界之都来的年轻的野蛮人。

我们一行很多人,来自雅西和科罗日发,维尔诺和
　布加勒斯特,西贡和马拉克什,①
羞于记起我们家乡的风俗,
这儿可没人听说过那一套:
拍手叫仆人,赤脚姑娘匆忙走进来,
念着咒语分食物,
家长和一家人一起背诵赞美诗。

---

* 切斯瓦夫·米沃什,一九八〇年诺贝尔文学奖获得者,美国伯克利加利福尼亚大学的斯拉夫语言文学教授,用波兰语和英语写作。一九一一年生于立陶宛波兰语区,在维尔纽斯度过虔诚而质朴的童年。父祖是当时属于波兰的立陶宛居民,本人后入美国国籍。纳粹德国一九三九年入侵波兰,触发第二次世界大战,他加入地下抵抗运动,从事秘密写作,编过一本反纳粹诗文集《不可征服的歌》;三十年代,是波兰"先锋派"文学运动的领袖人物之一,创办过"灾祸派"诗社,并为波兰电台文学部工作;一九四五年在波兰出版诗集《解救》;五十年代曾在波兰政府外交部供职,先后在华盛顿、巴黎等地任文化参赞。本卷的诗多选自米沃什自选集《拆散的笔记簿》,纽约埃科出版社一九八四年版英文波兰文对照本。中译出自漓江出版社一九八九年版《拆散的笔记簿》。

① 雅西和科罗日发在罗马尼亚;维尔诺在立陶宛,今称维尔纽斯;马拉克什在摩洛哥。

341

我把暧昧的省份抛到了身后，
我走进了万众的、眩晕的、渴望的地域。

很快许多来自雅西和科罗日发，或者
西贡或马拉克什的人们
将被杀掉，因为他们要废除他们家乡的风俗。

很快他们的同辈开始攫取权力
好以普遍、美丽的观念的名义杀人。

同时城市按照它的本性行动，
在黑暗中响起沙哑的笑声，
烘烤长面包，把酒倒进泥罐里，
在街头买鱼、柠檬和蒜，
对荣誉、羞耻、伟大和光荣无动于衷。

因为那些已经完成了，而且变成
谁也不知道代表谁的纪念碑，变成
几乎听不见的咏叹调，变成口头禅。

我又一次倚靠在河堤粗糙的花岗石上，
仿佛是从地府旅行归来
突然在光亮中看见季节的转轮，
其中多少帝国崩溃了，曾经活着的人已经死去。

没有什么世界之都，这里没有，任何别处也没有，
被废除的风俗恢复了它们小小的荣誉
而今我才知道人类世代的时间不像

地球的时间。

至于我的深重罪孽,有一桩我记得最清楚:
一天沿着小溪,走在林间的小路上,
我向盘在草丛里的一条水蛇推下了一块大石头。①

而我生平所遭遇的,正是迟早会落到
 禁忌触犯者头上的公正的惩罚。
(伯克利,1980)

---

① 按照立陶宛的民俗学,水蛇是神物。

一只鸟的颂歌

是合成的啊,

是下意识的啊,

把你长羽毛的手掌放在身后,
以你灰色的蜥蜴腿支撑着,
戴上挨着什么就抓住不放的
控制论的手套。

是不相称的啊。
比一朵铃兰里的
悬崖或者
草丛里一只圣甲虫的眼睛
还要大,
微微发红,当太阳变成紫绿色

而且比一个坑道似的
带有蚂蚁的头灯的夜还要浩渺——
它体内的一条银河,
实在说,可与任何事物相比。

超越意志,没有意志,
你振摇在一根树枝上,在空气的湖泊
及其沉没的宫殿、叶子的尖塔、
你能以一个竖琴的身影登上去的阳台上面。
你倾身向前,受到召唤,我则沉思
你松开脚爪、张开手臂的那一刹那。
你离开的地方还在摇晃,变成水晶的线条
你怀着温暖而悸动的心。
哦与任何东西也不相似啊,你漠然
于 pta, pteron, fvgls, brd 的声音。①

超越名称,没有名称,
琥珀色太空里一次无懈可击的动作。
于是我懂得,当你的翅膀拍击时,
是什么把我同我每天指出名称的东西分开,
同我直立的形体分开
虽然它向上、向着天顶伸展

但你半张的鸟嘴永远同我在一起。
它的内部是那么肉感而又多情
简直使我吓得毛发直竖
与你的狂喜难分彼此。
然后一天下午我在前厅等着,
在铜狮旁边我看见了嘴唇
我摸到一只赤裸的手臂

---

① 唤鸟的声音。

在春潮和钟声的气味里

(蒙特格隆,1959)

河　流

以各种不同的名义,我只称颂你啊,河流!

你是牛奶是蜂蜜是爱情是死亡是舞蹈。

从隐穴里生苔岩石渗出的一股泉源

(那里一个女神从水罐里倒出了活水),

地下有细水潺潺的草地上清沏的溪流旁,

你的竞赛和我的竞赛开始了,于是惊诧,于是迅速移动。

赤裸着,我把脸曝向太阳,桨还没有浸水就划起来——

橡树林,田野,一座松林一闪而过,

每个拐弯处有大地的许诺,

有村烟,瞌睡的牛群,沙燕从陡岸飞过。

我慢慢走进你的水波,一步又一步,

那沉默的水流把我淹到了膝盖

直到我屈服了,它把我带走,我游

过一个壮丽下午的宏伟的反映出来的天空。

仲夏夜来临时分我在你的岸边

那时满月滚出来,嘴唇按接吻仪式碰在一起——

现在像当时一样,我在自己身上听见水在游艇停泊处拍溅

听见呼唤我进去、要求拥抱和爱抚的耳语。

我们随着响在所有沉没城市的钟声走下去。

被人遗忘了,我们为死者的使节所迎候,

当时你无尽的流动挟着我们向前向前;

没有现在也没有过去。只有一刹那,永恒的。

(伯克利,1980)

一个装镜子的画廊

（第一页）

一个老人，倨傲不逊，心肠毒狠，
惊愕于不久以前是二十岁，
在说话。
虽然他宁愿理解而不想说话。

他爱过希望过，但结果不妙。
他追求过而且几乎抓住，但世界比他更快。
现在他看见了幻影。

他在梦中跑过一个黑暗的花园。
他的祖父在那儿，但梨树却长得不是地方，
小门开向了冲浪。

不折不挠的土地。
不可废止的法律。
光强项不屈。

现在他爬上大理石楼梯

开花的桔树是芳香的
他听了一会儿雀鸟的啁啾。
可是重门已经关闭
他在门后停留很长时间
在不知冬春的空气里，
在没有早晨没有落日的荧光里。

屋顶的镶板仿效一座树林的拱顶。
他走过装满镜子的大厅
面孔朦胧显现而后消失，
恰似巴巴拉公主一度出现在国王面前
当一个巫师把她蛊惑的时候。
而他周围有种种声音吟诵着，
声音多得可以听上几百年，
因为他曾经想要理解他可怜的生活。

（第十页）

萨克拉门托河①，在荒凉的丛山中，呈黄褐色，
突然从海湾吹来阵阵微风
而在桥上我的轮胎擂出了韵律。

船只，岛屿中间的黑兽，
水上和天上灰色的冬天。
如果它们可以从遥远的四月和国土召集拢来，
我可会知道告诉它们什么是最坏的但却是真实的——
那不属于它们而是降临我身上的智慧？

---

① 美国加尼福尼亚州北部的一条河，流入旧金山海湾。

（第十三页）

我并没有选择加利福尼亚。它是栽给我的。
潮湿的北方对这片焦灼的空无说什么呢？
带灰色的泥土,干渴的小河床,
山是稻草的颜色,岩石堆积起来
像侏罗纪的爬虫:对我来说,这就是
这地带的精神。
而从海洋来的雾爬过这一切
孵化着旱谷的绿色
和刺人的橡树和荆棘。

哪儿写着我们配有大地来迎接新娘,
写着我们跃入她深而清沏的水波,
为慷慨的波流拥着,游开去？

（第十五页）

世界——是可怕的
——塞赞①

塞赞,我把这三个不可能聚会的人引到
你在艾克斯的工作室来,引进赭石与朱砂之火中来。

这个女人的名字是加布里埃娜。我可以让她

---

① 保尔·塞赞(1839—1906),法国著名立体派画家。引语原文为法语。

穿一件带水手领子的白上衣,
或者打扮得像一个暴着牙、没有牙床的丑婆子。
她站在那儿,橄榄似的金黄色,一头黑发。

这个是埃迪,半个世纪前的运动员。
他把手放在臀部上就像在
艺术册子里复制的画像上一样。

而这里就是画他的米楚斯拉夫。指头给烟熏黄了,
他舔着卷烟纸,想着下一画刷怎么动。
他们将是我的忧伤的见证人,
我不对你泄露它,又对谁呢?

力,技,美,尤其是力,
摇晃肩膀,一个轻松的步态,
都是人们最重视的,而且很公平。
一个与普遍运动相协调的运动,即伶俐,
无论世界是什么,总使人高兴。
要像他那样,当他弯成一个掷铁饼者的蹲伏姿势,
当他催马飞奔,黎明时分从
Z先生的红发老婆的窗前闪过!

我像一个十六岁的小伙子那样羡慕他。
直到大战后不久,
他有消息传来。他并没有阵亡。
在一个新的国家,在一种鄙陋语言的统治下,
他由于厌恶日常谎言而用瓦斯毒死了自己。

如果肉体的荣耀坠入泥土,
坠入普遍的遗忘中。如果我,心灵,
对他有那样的威力,他听我一声唤
就出现了,虽然他永远不是这样一个人,
难道我就胜利了吗?那岂不是一场可悲的复仇?

人们希望得到的一切,塞赞,
正在变化像一株普罗旺斯的松树干当你抬起头来。
她的服装和皮肤的颜色:黄色,胭脂色,
生的或烧过的赭色,绿色的维罗纳人。
像现成的外国颜料管子似的语言。
加布里埃娜一直就是那个样子。

我要知道它到哪儿去了,那着魔的一刹那。
到什么样的上天,到什么悬崖的底层,
到生长在时空之外的什么花园里去了。
我要知道那一瞬间看到的房屋在哪儿,
当它从眼睛解放出来,永远留在自身中,
也就是你端着画架围着一株树
天天追逐的那座房屋。

米楚斯拉夫在华沙市有他的工作室。
他是你的迟钝的学徒,经常吹着冷手指
告诉我,他快画完
那个战时的冬天,一个泥罐和一枚苹果。
他不停地望着它们,它们不停地充塞他的画布。

而我相信他本来会从事物中抓出

那视觉的一瞬间,
如果他遵守艺术家的规则,
艺术家必须对善与恶、
对乐与苦以及凡人的哀伤无动于衷,
他正是一个唯一目标的傲慢的仆人。

但他却利用他的工作室帮助人们
在那儿掩藏犹太人,为此将受到极刑。
他于1943年5月被处决了,
为朋友们献出了灵魂。

为颂扬心灵而歌唱是痛苦的,塞赞。

  这三个名字是真实的,它们为此才有约束力。如果把它们改换一下,通向虚构的道路立即会打开。但是,他①越是试图做到确切,便越纠缠于人类语言的花样之中。而将那三个名字相当武断地放在一起,就已经够了,突然间它们身上不可言说的一切便增强起来,组成一个独立自主的故事。但即使在现实中,的确,他们也曾经站在一起,在一张照片中,不是一个人,而是和别人一起,在克拉斯诺格鲁达那座房屋前面,他们每一个都活在他的邻人的怀念之中。他现在试图猜想,他将怎样怀念他们。埃迪陷于难忘羞耻的一场狼狈之中:没有守住球门,踢倒了跳栏,从马上摔下来,诸如此类不足为外人道的事情。当他得知埃迪在战前不久结婚,他和他的妻子形影不离,他们一起活过了那些岁月,经过一致同意,于一九五一或一九五二年双双自杀时,他倒感到——是的——宽慰,仿佛一个他自愧弗如的人消亡了,倒使他振奋起来。至于加布里埃娜,她的风度几乎像那条河的风度一样热烈,他

---

① 指作者自己。

就是在它岸边出生的,他三岁时在那儿第一次见到她,一个十几岁的少女。是绀青色的或者绿色的、绿色的维罗纳人身上的一道金网,是用泥碗端进来的蜂巢的一阵酸甜,是状如乐器颈部的颈项——从没想到她对于他会是这一切,经常被抢救出来,从时间中取出来。至于米楚斯拉夫,他却觉得,即使他得不到这样一种生活,即作为一个艺术家而取得胜利,即使他的画全被烧毁,除了他年轻时为埃迪所画的那幅肖像,至少他曾经幸福过,跟朱莉娅一起在现代化的公寓里租过一套房间,或者在二十年代末期跟她一起在戈尔斯山区漫游过,那时华沙的艺术家们和文人学士都欢喜搜集登山经验,朴素的玻璃画,和民歌。他不知道为什么,但其中总有一点安慰,恰如在米楚斯拉夫有时带着某种难堪情绪哼唱的小歌中一样:

> "转呀转呀
> 小太阳在转
> 小太阳在转
> 我们的卡特林娜
> 骑马去结婚
> 骑马去结婚
> 骑马呀骑马
> 扬起手来
> 扬起手来
> 请求耶稣
> 请求耶稣
> 使她幸福。"

他觉得"过去"一词毫无意义,因为如果他能让那三个人如此鲜明地出现在他眼前,那么一次超尘世的凝视将比他的凝视强烈多少倍啊。

(第十八页)

情人们早晨走在村庄上面的小路上,他们俯视下面的山谷,为他们自己和他们在活人的尘世中所扮的角色所眩惑。

下面的溪流,绿色的草地,和对面山坡上陡峭的树林层。

他们走在一只黑色啄木鸟扑动在枞树中间、新苜蓿的气息从峡谷边缘升起的地方。

现在他们在树丛中发现了一座小桥,一座有扶手的真桥,它通向另一边什么地方。

他们走下去时,看见松树框架里有两个钟楼的屋顶,闪闪发出铜绿色,他们听见了一个小钟的微音。

那个修道院,比它高许多的路上的小汽车,阳光下有回声,然而沉寂。

作为一个启示的开端——他们不知道是什么样的启示——因为它决不会超过它的开端。

哲学家,你对他们短暂的自我热忱未免太严格了,虽然即使那时他们观看事物,也仿佛生存的虚荣就在过去之中,于是我退一步说,你的这段话证实了我自己所经历的一切:"……对实际存在的自然物的静默的沉思,不论是一片风景,一株树,一座山,一栋房屋或者任何什么;由于他在这个客体中丧失了自身,即,甚至忘却他的个体性,他的意志,只是继续作为纯粹主体、客体的明镜存在着,于是仿佛只有客体在那儿,没有任何人在知觉它,他就再不可能使知觉者同知觉过程分开,而是两者合而为一,因为整个意识为一个单一的感性图画充满了,占住了;如果客体在这样的程度上摆脱了对于意志的全部关系,那么被知道的东西就不再是这样的特殊事物,它却是一个理念,永恒的形式,意志在这个阶段上的直接客观性;所以,他沉入了这个知觉过程,便不再是个体了,因为在这样的知觉过程中,个体已经丧失了自身;但他却是知识之纯粹的、无意志、无力量、无时间的主体。"[①]

(第二十页)

暴露出为河床所切割的坚硬熔岩的地球,广漠无垠的地球,空空洞洞,远自草木生长前以来。

而他们所到达的河流,被探险家们称为"哥伦比亚",挟巨波奔腾而下,那是一片冷却的液态熔岩,灰得仿佛上面既没有天空,也没有白云。

这里什么也没有,除了星球从被腐蚀的岩石扬起尘土的风。

走过一百哩之后,他们到达平原上的建筑物,走了进去,一个火山似的沙漠的旧梦证实了;

因为这是一个博物馆,保存着公主们的刺绣,一个加冕王子的摇篮,一位被遗忘朝代的皇亲国戚们的照片。

[①] 叔本华语。

风喧闹地拍打着铜门,镶木地板在沙皇尼古拉和罗马尼亚王后玛丽娅的画像下面吱嘎着。

是什么疯人选择这个地方来存放他所钟爱的纪念品,紫丁香色的披肩和双绉的衣服?

为了随家人旅游比亚里茨①的可爱少女因失去了性感而有的永远的辛酸。

为了抚摸和耳语在四散的浮石和雪花石的喋喋旁相形见绌的羞耻。

直到连悔恨都淡薄了,只剩下一阵又聋又哑的抽象的疼痛么?

他的名字叫作萨姆·希尔,他是个百万富翁。在多风的高地,哥伦比亚河从"岩山"奔流而下,在上新世以来的火山岩层中为自己冲出了峡谷,不久人们又在华盛顿州中部和俄勒冈州中部划出了一道边界——他一九一四年就在这里开始建造一座大厦,准备作为博物馆,纪念他的朋友,罗马尼亚的玛丽娅。一位宝座上的美人,爱丁堡与萨克斯-科堡-戈塔公爵和俄罗斯大公主的长女,从而是国王乔治和沙皇尼古拉二世的表妹,一八九三年她年方十八,嫁给了罗马尼亚加冕王子费迪南德·霍恩佐伦-齐格马林根。传闻她有 unecuisse légère 即一只细腿。不论真相如何,萨姆·希尔把他的建筑物命名为"马丽希尔",把他的名字和她的名字连在一起;博物馆于一九二六年落成,皇室客人踊跃参加了开幕式。少数游荡到那儿的旅客可以看见她穿着罗马尼亚民族服装;还可以惊叹于她的雕成的宝座,她的纺轮,和她

---

① 法国西南部的著名疗养胜地。

的织机。她的梳妆用品保存在展览盒里,墙上挂着她的亲戚们的画像,主要是沙皇一家人的。

(第二十四页)

如果不是现在,又是什么时候?
这儿是凤凰的起飞地,
我看见火山的圆锥形岩丘
想到我所没有说出的一切,
关于"忍受"和"苦难"等词以及一个人怎能
靠锻炼怒气直至它疲倦而消失来承担命运。
这儿是考伊岛①,一块白云间的绿宝石,
棕榈叶吹着暖风,我想起了雪
在我遥远的省份,那里发生过
属于另一种不可想象的生活的事情。
星球的光明面移向了黑暗
城市都入睡了,每一个按照自己的时辰,
而对于我,现在像那时一样,却是太多了。
有太多的世界。

无限期地等待着。每日每时在挨饿。喉部痉挛,凝望着每个走过街头的女人的脸。不是需要她,而是需要整个大地。鼻翼扩张开来,希望闻到烤面包、烘咖啡、湿蔬菜的气味。在想象中吞咽每一道菜,喝每一钟饮料。准备自己去绝对地占有。

---

① 考伊岛位于夏威夷群岛北部。

（第二十五页）

你们讲着，但你们讲过之后，其余一切仍留下来。
你们讲过之后——诗人们，哲学家们，小说家们啊——
别的一切，其余在活着并知情的肉体内部
被追溯出来的一切，不仅仅是被允许的一切。

我是一个被紧抱在伟大沉默中的女人。
并非一切生物都像你们那样需要讲话。
你杀死的鸟，你扔进船舱里的鱼，
它们又在什么话语里找到安息，又在什么天上？

你们从我接受礼物；它们被接受了。
但你们并不懂得怎样思念死者。
冬天苹果、白霜和亚麻布的气息：
在这可怜的、可怜的地球上只有礼物。

一个蒙昧的学院。集合着穿胸衣的女教师，穿裙子的文法家，系着裹裤的诗人。课程包括感觉丝绸对皮肤的触摸，倾听衣服沙沙作响，帽上饰毛摇晃时抬起下巴来。他们教授所有惯例的用法：套到肘部的长手套，一把扇子，低垂的睫毛，鞠躬，以及人类语言，以致一个上彩釉的夜壶，即使一个擦胭脂的眼睛调皮地从底部望上去，也被称作一个 vessel（英语：器皿），一个撑住乳房的胸罩得到了 soutien-gorge（法语：撑胸）的名称，而且按照记得英国士兵的红上衣的法国曾祖母的精神，月经则被说成"英国人来了"。优越的方法和目标在于一个觉察不出的微笑，因为一切事物只是假托而已：管弦乐队和舞会的声响，镶金框的画，颂歌，合唱曲，大理石雕刻，政治家的演说，以及编年史的文字。实际上,其中只有一种温暖和胶着的感觉,而当某人上前迎接那个可口而危险的东西(它没有名字,虽然人们称之为生活)时,还有一种严肃的警惕。

(第二十七页)

在我前面有多少人跨过了话语的疆界,
知道言语无用,在经历一世纪
吓人但毫无意义的鬼魅之后?

我与横贯西伯利亚的铁路司机何干,
与被一名旅客献上一枚蒙古指环的夫人何干,
与电话线吟唱的太空
和豪华小轿车和一个每第三次铃响就到的车站何干?

他们都站在门廊前面,穿着白衣,
通过煤烟熏黑的玻璃片,观望日蚀
在1914年夏天,在科甫诺①的州府。
我就在那里,不知会发生什么或怎样发生。
可他们也不知会发生什么或怎样发生,
或者不知这个孩子,这时正是他们中间的一个,
会流浪得很远,像一个悬崖横过话语的疆界,
在他的生命的末期,那时他们都将不在人世了。

(第二十九页)

在帝国的阴影里,穿着古老斯拉夫人的长内裤,

---

① 现名考纳斯,立陶宛一城市。

你最好学会欢喜你的羞耻因为它会跟你在一起。

它不会走掉即使你改换了国家和姓名。

可悲地耻于失败。耻于供宰割的心。

耻于谄媚的热忱。耻于机巧的伪装。

耻于平原上的土路和被砍倒当柴烧的树木。

你坐在简陋的房屋里,把事情拖延到来春。

花园里没有花——它们大概被践踏了。

你吃着慢吞吞的锅饼、被称为"冷了不上桌"的汤状尾食。

你时刻受到屈辱,憎恨外国人。

(第三十一页)

纯粹的美,祝福:你是我从一种

辛酸而混乱的生活中所搜集的一切,

我在那生活中学到了恶,我自己的和不是我自己的。

惊异不断俘获我,我只记得惊异,

无涯绿色之上的日出,一宇宙的

草,开向初光的花朵,

山的蓝色轮廓和一声"和散哪"①的叫喊。

我问过多少次,这可是地球的真实?

悲叹和诅咒怎么能变成颂歌?

什么使你需要伪装,当你心里更明白?

但是,嘴唇用自己的嘴唇赞美过,脚用自己的脚奔跑过;

心房激烈跳动过;舌头宣布过它的敬慕。

---

① 赞美上帝的呼声。

(第三十四页)

为什么有这一切热情,如果死亡临近?
你可预期在那儿能听,能看,能感觉吗?
但你知道地球不像任何别的地方:
它有什么样的大陆,什么样的海洋,是多么壮观啊!
在痛苦的大厅里,桌上多么丰富啊。

音乐长存,但不是音乐的作者:
他的丝绒装没有留下一件来,连一个吊袜带也没有。
而太空年龄的人,在丛林中,向四弦琴扬起了弓,
在他们的村庄里饮酒,吵嚷着,让骰子
同栖息在令人眩晕的旋转木马上的死者一起喋喋不
　休。

而我已活过了一生,使我觉得不能
让自己来写一篇诉状。
欢乐会喷射进悲叹中来。
那么,如果在我必须合上书本的刹那,
生活是甜蜜的,但不必细观也可能愉快些,
那又将如之何。

关于独立岁月的篇页[*]

（第三十五页）

比起深入到那个由他父亲制服领子上曲折的银色条纹所标志的区域，[①]到达倾向太平洋的哥伦比亚河，或者在流到北极湖的阿大巴斯卡河旁支一个篷帐，要容易得多。这是一千九百二十年的春天，他们住在堤岸街，就在圣雅各教堂旁边，谁会想得到一个人能够在自己内心如此生动地保存着花香、长椅和晚祷呢？他们坐在一辆四轮马车上，一个士兵在驾驶座上，沿着维利亚河驶向安托科尔，出了城，远处有工兵驻扎在河岸。一切都是绿色，炮台也涂成那种第一次看见的特殊的橄榄绿，窗外是一辆装甲车，也是绿色，这时父亲唱道：

---

[*] 本节标题《关于独立岁月的篇页》，是指一九一九年至一九三九年，波兰原来为俄国、德国和奥匈帝国所瓜分，这时暂时成为一个独立的国家。前一部分的事实，是指一九二○年波兰和苏联之间的战争；第三十六页的"战斗过去了……"，是指战后的和平时期。全诗写了三个关键性的人物。约瑟夫·皮沃苏次基（1887—1935），波兰元帅，一九二○年的战争中领导波兰军队，一九二六年起实际上掌握绝对的权力，直至一九三五年逝世。遗体葬在克拉科甫的王陵，心却另外葬在维尔诺。朱利乌茨·斯沃瓦茨基（1809—1849），隐现在本诗中，是浪漫主义时期的诗人，史诗《灵王》未完成即逝世；该诗描写一个传说中的史前的波兰，米沃什借以编构皮沃苏茨基的形象。约瑟夫·柴霍维茨（1903—1939），诗人兼剧作家，米沃什在华沙波兰广播电台的同事，死于第二次世界大战初期，他的短暂生涯正与独立的岁月暗合。

[①] 指旧日立陶宛。

"洛瓦河①的岸边,
是我的出生地和摇篮。
两种货物从那个国家流来:
美丽的丝带和枪杆"。

那支歌唱的什么?是唱从法国运来的武器?是唱一辆装甲车?他们还这样唱:

"在远远的河旁,他阵亡了,
一朵白玫瑰开在他的坟头。"

也是在堤岸街,不过是在另一端,靠近港口,布尔夏特太太站在钢琴的(他记得)左边,引吭高唱另一个士兵的歌,很难懂:

"小酒店的回声回到了他身旁。"

维利亚河旁的房屋的墙上,他读到"皮沃苏茨基(Piłsudski)"字样,于是寻思,"他们为什么要写 ds,不像波兰语那样写成 dz 呢?"还有斯特拉文斯基太太和尼扎比托夫斯基太太;玛丽·巴甫利科夫斯基的兄弟达恩,他当了飞行员;维托尔德随着他的骑兵团走远了;尼娜,那个疯姑娘,他们说,参加了一个龙骑兵部队。斯维京斯基大夫给他切除扁桃体,那是很痛的,可只是一会儿,接着就可以坐在牙医的椅子上吃许多冰淇淋(很久以后他还记得的美味),那时哈拉特大夫还笑着说:"你当然不会叫苦了!),冰淇淋,樱桃;夏天已经来了,报纸头条越来越大,谈话声越来越细。此后,前线的突破就意味着他当时所记住的一切:炮火照耀下的尘土路,军车,流亡,惊惶。失败的概念对他来

---

① 法国最长的河。

说,永远是通向尼门河①的烧焦的公路,挤满了手推车、货车、四轮马车。他还可以毫不夸张地说,我知道城市的街道是怎样变空的,人们的眼睛从半闭的百叶窗向外张望着。薄暮时分,他们的车辆装着什物和马料,爬上了经过波纳里、通向兰德瓦诺的道路上的蜿蜒曲线;他回头望去,城市是黑暗的。后来他成为大学生,而路上那些蜿蜒曲线对他变成了什么,他记不清楚了,他也不能证实那些情景,因为没有人可问。这是很久以前的事,他们都死了。本来不应当如此,但实际上却是这样:连他父亲制服领子上的银色曲线,也只是当小歌的旋律回荡时才出现的:

"在洛瓦河的岸边,
是我的出生地和摇篮。"

(第三十六页)

战争过去了,星星是静谧的。

有着田野和白杨的贫困的乡村曾经没法保护栖息在茅屋顶上的白鹤的翅膀和标有十字记号的面包。

将没有人会在黎明时分,砍倒成排的菩提树或者包围村庄,把人群一长串一长串地遣送到东方去。

用稻草铺屋顶的工匠,村里的铁匠,为腌菜季节准备水桶的箍桶匠不断忙碌着,像婚礼上的乐师一样。

---

① 从白俄罗斯经过立陶宛流入波罗的海的一条河。

日常的贫困保存下来,赤脚的小牧童在残茬上生火,鹅群在草地上嘎嘎叫着。井旁的木升降机吱嘎作响。

黑色的集镇,墟市日披上了色彩斑斓的毯子,嚼着口袋里的燕麦,在星期日的日落时分则点起了蜡烛。

木轮辐夜间响过田野,一道光从落日而不是从醒着的城市射来。

一个加利西亚高中的学生,一个雇农,一个地主的儿子和一个青年农民躺在黄泉之下,把他们的故乡交给"王灵"支配。

胜利者,一个在非波兰名字上带 ds 的贵族,咬着胡须,一言不发。

"他出门走进了田野,黑土和稞麦
宽广地展现在他热爱自由的眼睛前面。"

他多希望能像他父亲过去那样,忙于轮种,忙于安排仆人和长工次日的工作!

"高屋顶的走廊,光滑的湿泥地面"

他多希望有农民之王的权力,在苹果树下进行裁判!

"在人生黎明之前的沉默中,
金色玫瑰啊,你把我举向了你自己。"

没有什么政府真是他的,没有什么部落期求他的国家联盟。

"而他,为一声开天辟地的大喊所追逐"

没有什么国家是他的,只有这个另外的国家,他得到太迟的国家。

"我像一个半路踟蹰的乞丐"

他头上的星星并不静谧,但他在它们身上读到的一切对任何人都没有用。

一个埋在王陵中的白鹰下面的棺材,但心在别处,在他的城市,他自己的首都。

那么,这就是波尔斯拉夫王冠的继承人么——他身后又是被征服的世代无家可归?

"仿佛一个微笑就是我们对这些圣歌
所欠下的唯一的东西——而且还得归功于它们的
血的赠予。"

(《灵王》)

(第三十七页)

献给约瑟夫·柴霍维茨

可能死者并不需要来自地球的报告,他们在一个象征中就看见后来发生的一切。

但我认为你仍有几丝兴趣,至少关于你自己继续停留在活人中间这一点。

所以我试图描摹你现在的模样,在这另一个大陆,在你后世的突如其来的电闪中。

一个黑发少年,身着蓝色步兵制服,戴一顶饰有小白鹰的帽子,打着绑腿。

因为你在1920年当过两星期兵,而且写过这件事,你剧本里的演员就穿着那种同样的制服。

在达布洛甫斯基广场那个吱嘎作响的办公室里我们的办公桌崩塌之前,霍尔茨卡成功地搬上舞台的那个剧本。

在你死于炸弹,斯祖克死于奥斯威辛集中营,茨帕克拒绝被关进犹太区而死于一枚子弹,雅尼娜·沃达尔基维茨在纽约死于心脏病之前。

所以,当我在语言试验室录制你的诗,或者从一盘磁带里把它放回来,你围着我打转转,我并不惊讶你就是那一身打扮。

被夺走的生命,被玷污的国土,罪孽:而你的曲调,在深渊之上显得纯洁。

从铁床,易患风湿症的地下室,凌乱的地下室和号泣,
鞭痕累累的惨痛,

从院子里的厕所,窗台上的番茄,浴盆上面的蒸汽,
油腻的格子记事簿——

怎么能扬起那种为年轻声音谱制的朴素音乐,把下面
的黑色田野加以改造呢?

昏昏欲睡的田野,一些金盏草和锦葵,在我的 Matusia、
我亲爱的妈妈的花园里。

你为你血统中的缺陷而被隔离开来,你知道命运;
但只有歌谣持久,没有人知道你的忧愁。

而这正是我在你死后活过的那些年月里折磨我的一
切;一个问题:未曾记住的事物的真实性在哪里呢?

你的话语后面的你,和所有沉默了的人们,和一个虽
然曾经存在过而今沉默了的国家,又在哪里呢?

茵陈星[*]

（第三十八页）

而今没有什么东西可丧失了，我的小心的，我的狡猾的，我的极其自私的猫啊。

而今我们可以作出忏悔，不怕它会为强大的敌人所利用了。

我们是一个掠过一长串屋子的回音。

季节闪耀而消褪，但像在一个我们不再走进的花园里一样。

而那是一种安慰，因为我们不需要在赛跑和跳高方面追赶别人。

大地并不曾符合陛下的心意。

---

[*] "第三位天使吹号，就有烧着的火星，好像火把从天上落下来，落在江河的三分之一，和众水的泉源上。这星名叫茵陈。众水的三分之一变为茵陈。因水变苦，就死了许多人。"（《圣经·新约全书》的《启示录》第八章）

怀孩子的夜晚,签定了一个模糊的契约。

无辜者接受了一次判决,但他不能解释它的意义。

即使他请教灰尘,星星,和鸟的飞翔。

一件可怕的契约,一场血的牵连,一次复仇的遗传因子的进军,来自泥泞的千年期,

来自白痴和瘫痪者,来自癫狂的荡妇和患梅毒的国王

在吃羊腿、饮大麦酒和咕咚咕咚喝汤之时。

当茵陈星升起时我被人用油和水作了洗礼,

在草地上红十字会帐篷旁玩耍。

那是分配给我的时间,仿佛一种个人命运还不够。

在一个远古的小城里（"市政厅时钟的钟声半夜敲响了,当一位学生 N……"等等）。

怎么说呢？怎么撕开话语的皮呢？
我觉得我所写的一切现在不是那个样子。
我还觉得我所生活过的一切现在不是那个样子。

当托马斯带来消息说,我所从出生的那座房屋不再存在了,

没有巷子,没有斜向河流的公园,什么也没有,

我有过回乡的梦。五彩缤纷。高高兴兴。我能够飞。

树木甚至比童年时还高,因为它们自从被砍倒后这些年一直在长。

失掉了一个故乡,一个故国。

整个一生在异族中流浪——

甚至这一点

也只是浪漫的,即可以忍受的。

此外,这就是我这一个高中生的祈祷所得到的回答,我那时是一个男孩,读过吟唱诗,并要求过意味着流亡的伟大。

大地并不曾符合陛下的心意,

为了一个与"尘世国家"无关的理由,

虽然如此,我仍惊讶于活到了可敬的年龄。

当然,我经验过奇迹般的仅以身免,为此我向上帝谢恩,

于是那些日子的恐怖也来光顾我了。

(第四十页)

我们拿一个女人的孩子怎么办？去问大地上面的
诸神力吧。大炮的炮筒
在跳跃,向后反冲。又一次。一片平原突然展现
远到天边。成千的人们,在跑。
在湖畔的花园里,有红十字会的帐篷
在篱笆,花床,菜园中间。
现在,奔驰起来:护士的面罩,飘飏着。
一匹漆黑的牡马,扬起前腿;残株,山涧。
在河岸,红胡子士兵吵嚷着。
通过浓烟,打开了一片残枞树的林子。

(第四十一页)

我们的知识不深,诸神力说。
我们开始知道他们的痛苦,但没有怜悯。
我们惊叹云彩下面的光华,
惊叹圣母、本质、土地、一个处女的谦卑。
我们何必关心生与死？

(第四十二页)

他们四肢朝地爬出了防空壕。黎明。
远远地,在一道寒冷的的极光下,有一部装甲列车。

（第四十四页）

1920年给我们上可可的太太们。
为波兰的光荣变得强大吧,我们的小骑士,我们的鹰!
"洋红的上衣,闪亮的纽扣。"枪骑兵开进了城门洞。
波兰集团的太太们,辅助部队的太太们。

（第四十五页）

我把国民议会议长的鼻烟壶,
镶银边的大礼服运送到博物馆去。
驮马的蹄子敲打在柏油路上,
空荡荡的街上有腐烂的气味。
我们不断狂饮伏特加,我们这些车夫们。

（第四十七页）

几百年来那种织品,羊毛似的,
厚如毡,经常用以制作袍服,
于是你分不出这是二十世纪的结尾还是开端,
现在,她坐在镜前,掀开了她的长衣褶,
在她玫瑰缎古铜色的胸脯上显得亮黄。
她手中的刷子并没有变形。
窗框属于任何时代,
还有那展现被风吹弯的桉树的景色。
而她,就在这一个肉体里
栖居这一刹那的她,又是谁啊?

她会被谁看见呢,
如果她连名字都被剥夺了?
她的第三人称的皮肤不为任何人,
她的最光滑的第三人称的皮肤并不存在。
看哪——云从树后涌出来了
镶着铜色的边,所有这一切
停顿下来,坚硬起来,升入了光中。

(第四十八页)

北方的落日,湖那边是一支收获者之歌。
他们移动着,显得很小,在捆扎最后的谷穗。
谁有权利想象他们怎样回到村庄
在火旁坐下来,煮食物,切面包?
或者他们的父辈怎样住在没有烟筒的小茅屋里,
每个屋顶冒起烟来便仿佛失了火?
或者土地在陷于风雨之前曾经是怎样
安静,湖泊在未接触过的林子里像眼睛?
谁有权利猜想太阳将来将怎样坠落
在一列囚车上或者建筑工地的脚手架的沉寂上,
把自己变成一个神,从它们的窗户望过去,
摇着头,满怀悲悯走开去,因为他知道得太多?
你,我年轻的猎手,最好把你的独木舟从岸松开
在天黑之前把被射杀的野鸭拾起来。

(第五十页)

在茵陈星下面苦味的河流着。

田野里的人采集着苦味的面包。
没有一丝神圣的眷顾亮在天上。
世纪从死者要求效忠。

他们把他们的起源溯向恐龙
他们从狐猴的爪学到他们的灵巧。
在思索的苔藓的城市上面，
翼手龙的飞翔宣布了法律。

他们用铁丝捆着人的双手。
在树木的边缘挖出了浅坟。
在他的最后的遗嘱里不会有真理。
他们要他永远默默无闻。

尘世的帝国近在咫尺。
他们说着什么是言语，什么是倾听。
灰烬在大火之后还没有冷却
戴奥克里先①的罗马又闪烁升起。

---

① 戴奥克里先(245—313)，罗马皇帝(284—305)。

歌

献给加布里埃娜·库纳特

她　大地从我站着的
　　　岸边流开了。
　　　她的树和草,越长越小,闪亮着。
　　　七叶树的蓓蕾,白杨的微光,
　　　我不想再见到你。
　　　跟着为苦难所折磨的人们,你走开了,
　　　跟着像旗帜一样摇晃的太阳,你奔向了
　　　　　夜的边缘。
　　　我害怕单身留在这里,我只有我的身体
　　　——它在黑暗中闪光,一颗叉着手的星星,
　　　因此,我现在恐怖地望着我自己。大地,
　　　请不要抛弃我。

合唱　冰块坍塌了,向下流冲去,叶子长出来,
　　　　犁犁开了田地,野鸽在林中嬉戏,
　　　　獐子跑过山,她高唱她的婚曲,
　　　　长茎的花开了,蒸汽散发在花园里。
　　　　孩子们扔着球,他们三人一组在草地上跳舞,
　　　　女人们在溪边洗衣,想捞到月亮。

一切欢乐都来自大地,没有她就不快乐,
人只欢喜大地,让他别希求别的。

她　我不要你,不受诱惑。
　　不断流吧,我平静的姊妹。
　　你的抚摸燃烧着我的颈项。我仍然感到它。
　　爱之夜苦得像云层的灰烬
　　黎明跟着云层起来,在湖上红成一片。
　　燕鸥先飞了,那样的忧伤
　　我再也不能哭,我数着早晨的
　　时辰,倾听高高的死去的
　　白杨的沙沙声。你,主啊,怜悯我吧。
　　把我从大地的亲吻中,从她温柔的热切的嘴边,
　　　释放出来吧。
　　把我从她不真实的歌中解脱出来吧。

合唱　绞盘在转动,鱼在网中哆嗦,
　　苹果滚过了桌子,烤面包的气味升起来,
　　黄昏走下了台阶,台阶是活肉——
　　一切来自大地,她是完整的。
　　大船偏航了,铜色的兄弟挂帆走了,
　　动物弯着它们的颈项,蝴蝶落进了海,
　　篮子游荡在微光中。黎明活在一株苹果树上。
　　一切来自大地,又回到了她。

她　啊,如果我身内有一粒不生锈的种子,
　　一粒活得比它久的谷粒,
　　那么我可以睡在摇篮里,

摇进黄昏,摇进黎明。
我会平静地等着,直到那缓慢的运动消失了
而真实突然赤裸而现,
草原上一朵野花,一个石头凝视着
以一张陌生的新脸作盾牌。
然后他们,活在谎言中的人们,
像野草一样在海湾的浅水处挣扎前行,
只会是有如松针之于
从上面,通过云层,望着树林的一个人。
但我身上除了恐惧一无所有,
除了黑浪的奔突一无所有。
我是刮在黑暗中又消失了的风,
我是去了不再回来的风,
是世界的黑草地上马利筋的花粉。

最后的声音　在湖边的铁匠铺里,敲着锤。
一个人,弯着腰,在修一把镰刀
他的头在锻炉的光焰里发亮。

有人点燃一段浸透松脂的松片。
疲倦的庄稼汉把头伏在桌上。
一个碗已经在冒汽,蟋蟀唱着歌。

岛屿是沉睡的动物。
在湖的巢穴里,它们躺下来,呜呜直叫;
它们头上是一片窄云。

(维尔诺,1934)

缓流的河

好久好久没有一个春天
像这个春天一样美丽;马上就要修剪的草
厚厚的,被露水浸湿了。夜间鸟叫
从沼泽边缘升起,一片红色浅滩
躺在东边直到早晨。
在这样一个季节里,每个声音对我们都
变成胜利的呼叫。光荣,痛苦和光荣
归于草,归于云,归于绿色的橡树。
大地的门扉被撕开了,大地的钥匙
显露出来。一颗星向白昼问好。
那么,为什么你的眼睛含着不洁的光
像那些没有尝过邪恶却只想
犯罪的人们的眼睛呢?为什么这仇恨的
热力和深度从你缩小的
眼睛放出光来?规则是你的,
金环形的云彩为你
奏一曲音乐,路边枫树使你得意。
每个活物身上看不见的缰绳
通向你的手——拉吧,他们都在
称作卷云的天幕下面

转一个半圆。而你的课业呢？一座多树的山
等着你，那用作空中城市的地方，
一座长麦子的山谷，一张桌，一页白纸
上面也许可以开始写一首长诗，
欢乐和劳作。而道路奔出如一个动物，
它那么快地坠落了，留下一片白灰，
以致没有一点景物可以为之点点头，
手的紧握已经松开，一声叹息，风雨过去了。

然后他们把罪犯带过田野，
摇着他的灰头，在海岸上面
在一条排满树的林荫道上，他们把他放下来
海湾来的风卷起了旗
小学生们在碎石路上奔跑
唱着他们的歌。

——"于是，在花园里嘶鸣，在绿草地上狂欢
于是，不知道他们是快乐还是疲倦了，
他们从他们怀孕的妻子手里拿过面包去。
他们一生没有向任何东西低过头。
我的兄弟们，寻欢作乐，微笑着，好饮啤酒，
把世界当作一个仓库，一个作乐场所。"

——"啊，举行春宴的黑色暴徒
像白色悬崖升起的火葬场
从死黄蜂的巢里渗出的烟。
在曼陀铃的一阵口吃里，有一片灰云似的镰刀
在成堆的食物和踩成灰色的苔藓上

另一天升起了新太阳。"

好久好久没有一个春天
对于航海者,像这个春天一样美。
广阔的水面对于他浓得
好似铁杉的赤色汁液。一队帆船
疾驶在黑暗中,像一个纯音符
最后的颤动。他看见
人形散立在沙滩上
在从天穹坠落的行星
的光辉下,一个波浪沉默下来,它沉默了,
泡沫可发出碘味?甜芥菜的气味?
他们在沙丘上唱着,马利亚,马利亚,
把一只溅污的手放在马鞍上
他不知道这是不是
许诺拯救却先开杀的新征兆。
在我毫无恐惧地直视沉睡在
我自己手中的权力,认识春天,
天空,海洋,和黑色的密集的陆地之前
盲目之轮必须转三遍。
在伟大的真理活生生出现,
而在一刹那的光华中
站出了春天和天空,海洋,陆地之前
撒谎者将会征服三遍。

(维尔诺,1936)

废墟中的一本书

一座黑色的建筑物。交叉的木板,钉拢起来,构成
进口处的一个栅栏,或者一扇门
当你走进去时。这里,在内部装置被损毁的门厅里,
呈蛇状沿墙而下的常春藤是电线
在摆动。而那边扭曲的金属
圆柱从瓦砾的低层林丛升起
是破烂的树桩。这可能是图书馆的
砖,你还不知道,或者是患病的干白杨的
小树丛,你在那里追踪鸟雀,
遇见过一个立陶宛的黄昏,只是为鹰隼的嚎啕
把它从沉默中惊醒。
现在小心地走吧。你看见整块整块
天花板为最近一次狂风所吹坍。
而上面,通过一排排锯齿形的灰泥
是一片蓝天。书籍的篇页散乱地
躺在你脚下,像蕨叶掩盖着
一个发霉的骷髅,或者为侏罗纪贝壳的
秘密变白了的化石。
一种如此古老而不为人知的残余生活
迫使科学家,把一个石头猛地

投向光里,感到惊讶起来。他不知道
这是某个死去时代的阴影
还是一个活的形体。他又望一望
为雨所侵蚀的白垩螺旋形,
那眼泪的锈。于是,在一本从废墟中
拾起的书里,你看见一个世界喷发出来,
以其遥远的沉默的过去闪闪发光,
生物的绿色时代滚到广阔的
深渊又滚回来:女人的前额,
以颤抖的手戴上去的耳坠,手套上的
珍珠纽扣,镜子里的烛架。
灯笼点燃了。一阵最初的颤抖
滑过了乐器。四对舞曲
开始缭绕,为摇晃在正式公园里的
大树的瑟瑟声所压低。
她悄悄走出来,披肩在黑暗中飘动,
并在一间长满藤蔓的凉亭里
遇见了他。他们挨着坐在一个石凳上
望着灯笼在素馨花中发光。
或者这里,这一节诗:你听见一支鹅毛笔
吱嘎作响,一盏油灯的蝴蝶
缓缓扑在卷轴和羊皮纸上,
一个十字架,铜胸像。字行以
凄切动人的韵律诉说着,欲望是虚妄的。
这里有一座城市升起。在集市广场上
招牌铿锵作响,一辆公共马车隆隆驶进
吓飞了一群鸽子。在市钟下面
在小旅店里,一只手停留在老一套

引人注意的手势中——同时工人们从
纺织厂走回家去,城里人在台阶上
谈话——手动起来想引起
正义的火,一个世界化为烟雾,
声音因几世纪的复仇而震颤。
于是世界似乎像雾一样从这些篇页中
流出来,黎明时分消失在田野。
只有当两个时代,两种形式连在
一起,它们的易读性
被干扰时,你才看到不朽
同现在并无多少不同,
而且为了现在的缘故。你拾起
一个手榴弹破片,它射穿了那唱
达夫尼斯和克洛伊①的歌曲的身体。
你悔恨地希望同她谈一次话,
仿佛这正是生活为你所准备的。
——怎么回事,克洛伊,你美丽的裙子
被伤害真人的风撕破得
那么厉害,你在永恒中歌唱
时光,太阳在你的秀发中时现
时隐? 怎么回事,你的胸脯
为弹片射穿,橡树丛林在燃烧,
而你着了魔,毫不介意,转身
跑过机械和混凝土的树林
以你的脚步的回声缠住我们?
如果有这样一种永恒,郁郁葱葱,

---

① "达夫尼斯和克洛伊",希腊神话中一对牧羊情侣,法国作家贝纳丹·圣·皮埃尔的名著《保尔和维吉妮》的原型。

虽然短命,却也够了。可怎么……低声!
我们注定要活着,当场景
变得暗淡,一个希腊废墟的轮廓
把天空弄黑了。这是正午,你漫游在
一座黑色建筑物中间,看见工人们
坐在一条狭窄的阳光
在地板上点燃的火堆旁。他们拖出
一些厚书,把它们当桌子
开始切他们的面包。一辆坦克
将及时轰隆而过,一辆电车伴响着。

(华沙,1941)

阿德里安·齐林斯基之歌*

（一）

战争的第五个春天开始了。
一个少女在哭她的情人。
雪化在华沙的街道上。

我原以为我的青春长在，
以为我永远一个样子。
可剩下了什么呢？早日的恐惧，
我凝视自己，像凝视一块无字的灰石碥，
寻找我已经知道的东西。

一个旋转木马在小广场上嗡嗡作响。
有人在射击那里的一个人。
一阵小暴风从停滞的河上吹来。

但这一切于我何所有？
我像一个孩子不能分辨一朵黄色蒲公英

---

* 齐林斯基是一个极其普通的波兰姓氏；这是一首假托诗。

和一颗星。这不是我曾经
指望的智慧。世纪是什么,
历史是什么?我每天游手好闲
简直度日如年。

啊主,扔给我一小片羽毛的怜悯吧。

(二)

当我走向田野,走向生长受阻的树林,
走向任何一段荒原
观察最初的春花是怎样
被一只地下的手推出来时,
我便想在地球中央钻一个地洞
好看一看地狱。
我想钻穿(这是值得的)
那阳光的蓝湖
好看一看天堂。

而装满液体金子的大地的心,
旋转星体的寒冷的空无
将是我会找到的一切。没有深渊。
无终无始,大自然什么也
不滋生,除了这:有生,有死,
完了。没有深渊。

如果最可怜的魔鬼,地狱的侍者,
从樱草的叶片下面露出了头角,

如果天上拍着翅膀劈柴的
天使从一朵云上飘然而下。

请理解,一个人必须独自在人间创造
一个新的天堂与地狱,是多么难哪。

(三)

首先,人和树:非常大。
然后,人和树:不那么大。
直到整个地面,田野和房屋,
人,植物,动物,鸟群,
缩小到一片山楂叶大小,
像手里搓捏的湿泥。

你甚至看不见自己
或者你从世界穿过的弯路。
连死者也找不到。
他们躺着像痉挛的黑蚂蚁
在琥珀色的沙地里,
肉眼简直辨不出他们。

一切是那么小,以致一条真狗
或者一簇真野蔷薇
都会大得像金字塔,
像城门洞,对于一个刚从
遥远林区的村庄来的孩子。

我不愿找到一朵真玫瑰,
真飞蛾,真石头,像云母裂开来,闪闪发光。
对于我,永远将有这片土地:小小的。

(四)

某处有幸福的城市。
某处有,但也不一定。
那里,在市场和大海之间,
在一阵海雾中间,
六月从篮子里倒出湿蔬菜
冰被端到洒满阳光的
咖啡店的凉台上,花朵
落在女人们的头发上。

报纸的油墨每小时更新一次,
争论着什么于共和国有益处。
涌现的电影发出桔皮的气味
一只曼陀铃久久哼到深夜。
一只鸟日出前轻弹着露水似的歌曲。

某处有幸福的城市,
但它们对我没有用。
我窥视生与死像窥视一个空酒杯。
灿烂的建筑物或者废墟的路线。
让我平静地死去吧。
有一阵夜的耳语在我身上呼吸着。

他们拖着一个人,拖他的笨脚,
丝袜里的小腿,
向后垂着的头。
沙滩上一片血痕一个月雨水也冲不走。
儿童们用自动玩具手枪
瞄准,继续他们的游戏。
要就看这个,要就走进一个杏园去,
要就带着吉它站在一个雕花的大门前。
让我平静地死去吧。
这不是一回事;也许就是一回事。

(五)

一个圆胖驴似的女孩走过去
是一颗由阳光的手为可怜的天文学者们
雕成的行星,他们望着天空,
拿着瓶子坐在沙地上。

他们瞥见深蓝色布满了
天空,他们吓了一跳。
在那片广漠下面,他们垂下了头,
他们觉得整个事物似乎太宽大了。

他们看见驴子摇摆而过:
金星在他们的望远镜里,热得像血。
而春天的绿色闪烁如波浪戏耍
在洪水过后的灿烂金星下面。

（六）

有一阵夜的耳语在我身上呼吸着，
小声音像猫一样舔着我的白昼，
我体内被压抑的风暴
喷发成一首感恩和颂扬的歌曲。

你是个多聪明的人啊，阿德里安。
你可能是一位中国诗人，
王维，或者白居易。
你不必介意你生于何世。
你望着一朵花
对你的所见微笑起来。

你多么聪明，从不迷惑于
历史的愚蠢或种族的感情。
你泰然行走着，被掩住的
永恒的光，使你的脸变得柔和。

祝圣人的家宅平安。
祝他的谨慎的奇迹平安。
…………
哦黑色的背叛，黑色的背叛——
雷霆。

（华沙，1943—1944）

康波·代·菲奥里[*]

在罗马,在康波·代·菲奥里
一篮篮橄榄和柠檬,
溅了酒的鹅卵石
和花的残骸。
小贩在货架上
铺满玫瑰色的鱼;
一抱抱的紫葡萄
堆在桃子绒毛上。

在同一个广场
他们烧死了乔丹诺·布鲁诺。
刽子手点着为乌合之众
围观的火刑柴堆。
火焰还没有熄灭,
小旅店又客满了,
一篮篮橄榄和柠檬
又扛在小贩们的肩头。

---

[*] 康波·代·菲奥里(Campo dei Fiori),罗马著名广场。天文学家乔丹诺·布鲁诺(1548—1600)曾因宣传哥白尼学说,被宗教裁判所作为异教徒在此处死。

一个晴朗的春夜
在华沙按狂欢的曲调
旋转的木马旁我
想起了康波·代·菲奥里。
兴高采烈的旋律淹没了
犹太区屋墙传来的炮弹齐发声,
双双对对高飞
在无云的天空。

有时从火堆吹来的风
把黑色风筝吹过去,
旋转木马的骑者
抓住了半空的花瓣。
那同一阵热风
还吹开了姑娘们的裙,
人们开怀大笑
在那美丽的华沙的星期天。

有人读到罗马或华沙的人们
走过烈士们的火刑堆旁
还在争吵,大笑,做爱,
觉得合乎道德。
还有人读到
人性事物的消逝,
读到它们在火焰熄灭之前
就已湮没无闻。

但那一天我只想到

垂死者的孤寂,想到
乔丹诺爬上火刑堆时
他在任何人的口中
找不到为人类、
为活下去的人类的话语。

他们已经回家喝酒去了
或者在叫卖他们的白海星,
一篮篮橄榄和柠檬
他们扛到了市场上,
而他已经去远了
仿佛过去了几个世纪,
虽然当他投身火堆时
他们不过停留一会儿。

那些在这里死去的人,为世界
所忘却的寂寞者,
他们的舌头为我们变成
一个古老星球的语言。
直到一切成为传说,
许多岁月过去了
在一个新康波·代·菲奥里
愤怒点燃了一个诗人的话。

(华沙,1943)

别　了

我对你说话,我的儿子,
在沉默多少年之后。维罗纳①再没有了。
我用手指搓着它的砖灰。那就是
故乡城市的伟大的爱剩下的一切。

我听见你在花园里的笑声。疯狂春天的
气息穿过湿叶向我扑来。
向我扑来,我不相信任何拯救的力量,
却活得比别人、也比我自己更久。

你可知道这是怎么回事:一个人夜间
突然醒来,倾听砰砰心跳,
便问道,你还想要什么啊,
永不知足者?春天,一只夜莺在歌唱。

孩子们的笑声在花园里。最初一颗明星
在山头泡沫似的蓓蕾上面,
一首轻曲回到了我的唇边

---

① 意大利东北部城市。

于是我又年轻了,像当年在维罗纳。

拒绝。拒绝一切。不是那么回事。
它不会复活往昔,也不会把我还给它。
睡吧,罗密欧,朱丽叶,睡在你们石羽般的头靠上吧。
我不会把你们捆住的手从灰烬里扬起来。
让猫去拜访那荒废的大教堂,
它的瞳孔闪烁在祭台上。让一只猫头鹰
在死寂的尖顶穹窿上做窠吧。

在白色的正午在残砖断瓦中间,让蛇
在款冬的叶子上取暖吧,让它沉默地
围着无用的金器转着发光的圆圈吧。
我不想回去。我要知道在拒绝了
青春和春天之后,在拒绝了
那些在狂热的夜晚
情欲从中流出的红唇之后
还有什么东西剩下来。

在歌曲和酒味,
誓言和恸哭,钻石般的夜,
和身后有黑色太阳闪光的
海鸥的呼叫之后。
从生命,从火红的刀所切的苹果
还将救出一点点什么来?

我的儿子,相信我吧,什么也不剩。
只有成年人的劳碌,

命运在手掌上的犁沟。
只有劳碌，
再没有什么。

(克拉科夫,1945)

世 界
(一首天真的诗)

小　路

下面绿色山谷敞开来,
小路上青草模糊了路界,
穿过刚刚开花的栎木矮林,
孩子们放学一齐回家去。

在盖子打开的铅笔盒里,
有几片面包卷和一些粉笔头,
还有个孩子为春天和花园里
第一只杜鹃藏起来的便士。

女孩的贝雷帽和她兄弟的校帽,
随着她们的步伐浮现在矮林边缘。
一只樫鸟尖叫着,跳跃在树顶上;
树木上空,云朵飘动成长长的田埂。

拐角过去,你可以看见红屋顶:
父亲在前园里倚着锄头,
然后弯腰去摸一片半张的叶子,

从他耕过的小块地里,他看得见整个地带。

篱　门

后来,厚厚一簇蛇麻草蔓会把它掩盖起来。
但暂时它却有着夏日薄暮的光照里
从深水中拔起来的黝黑的百合浮叶
被风吹雨打的颜色。

篱桩的顶端却新涂了油彩:
尖起白色火焰似的小牙齿——
奇怪的是它们从没有吓走过
雀鸟:从前一只斑鸠还在那里做过窠。

许多手摸着光秃的木门柄,
把它的木纹摸成了家常的缎子。
从门闩下面偷偷冒出了荨麻的尖刺,
黄色的素馨摇摆着它的小灯笼。

门　廊

入口朝西,窗户大大的,
门廊被太阳晒得暖烘烘。
你从这里四下望开去,
望过树林,水流,旷野和小径。

但当橡树掩藏在绿色里
菩提树的影子盖住了一半花坛时,

世界便远远淡化成一艘蓝色三桅船
隐约被树叶刻成斑驳的荫处。

这里小桌旁,兄弟姐妹
跪着画追猎或打仗的场景。
嘴唇间伸出淡红舌头,小心地
开出了大型兵舰,其中一艘沉没了。

餐　厅

低矮的窗户;棕色的阴影;角落里
有一座丹泽造的时钟,静悄悄;沙发是皮制的;
上面两个魔鬼在假笑,从一件雕刻品
和锃亮的铜锅的凹处。

墙上是一幅冬令的图画:
人们成群地滑冰,树梢之间
一个烟囱送出了一缕羽毛般的烟;
乌鸦从灰暗的天边飞起。

附近还有一座钟。小鸟蹲在里面
等候着,忽然发出唧唧声,一连轻轻
叫了三声;第三声还没有消失,
妈妈便把汤勺放进冒汽的碗里。

楼　梯

吱吱嘎嘎,有强烈的蜂蜡味,通黄的,

楼梯实在局促——靠墙走着，
你可以把鞋子交替地踏上梯板，
但靠扶手一边，就未免太窄了。

野猪头是活的，有个大大的影子——
开头，只露出獠牙，然后变大起来，
移动它的猪嘴，闻着楼梯的拱顶
于是那里暗了下来，充满灰尘的空气颤抖着。

母亲拿着闪烁的灯走下楼梯。
她高大的体形走下来，袍腰系一条带，
她的影子便爬上了有野猪头的拱顶：
于是她独自与凶狠的野兽拼搏着。

图　　画

一本打开的书。一只褐色飞蛾扑动着扑
向飞驰着一辆战车的灰云上面。
飞蛾被撞跌下来，它的金粉散落
在战无不胜的希腊军队的行列中。

战车滚翻了，赫克托耳[①]的头部
碰在碎石块上，被拖在马后面。
飞蛾，被钉在翻转的书页中间，
扑动在英雄的身体上，然后死去。

---

① 赫克托耳，荷马史诗《伊利亚特》中的英雄。

同时,乌云密布,雷声隆隆;
船舰从参差的悬崖冲向平安的港口;
附近一个赤身的农夫在耕山边的田亩,
他的牛群为它们稳健的劳动咕噜着。

父亲在书房里

高高的前额,蓬乱的头发;
窗口太阳倾泼着阳光——
父亲戴一个绒毛状火红头饰
慢慢打开了那本大书。

他的袍服挂满了纹章,
像一个巫师,他喃喃念着咒:
只有一个从上帝学过巫术的人
才知道他的书所泄露的天机。

父亲的符咒

"书中的安宁与智慧,
亲爱的圣贤!我在你的掌握之中。
深深为你的神态所动,
我决不愿看见你的脸。

谁记得你是怎么犯罪的?
灰烬撒给了风。
像你的工作一样,你完整无缺,
不会被你的思想从什么拉开。

你所知道的辛酸和疑惑,
都已消失得无影无踪。
这些平静的书页经受住了它们。
人们渺小,他们的工作却伟大。"

从窗口

田野那边,是一片树林和一片田野,
然后巨大的海湾闪出了一面白镜。
陆地盘旋在它们中间呈金黄色
像一只郁金香浮在一碗水中。

父亲说这是欧罗巴。晴朗的日子,
你看见你仿佛把它捏在手掌中,
还在一再汹涌的洪水中冒汽。对人来说,
它是狗,是马,是猫,是一个家。

鲜艳城市的高螺旋体闪着光。
小溪流到一起像银色的发辫。
这里那里,一种鹅绒般的色彩
在山群月色铺开的地方闪烁着。

父亲讲解说

"一长条阳光抚摸着平原
影子像在奔跑一样移动着的地方
就是华沙,四面八方向世界开放:
一座名城,虽然不十分古老。

更远处,倾斜的雨线落在
那些满盖着金合欢树的群山,
是布拉格,它的碉堡筑在最高山上,
这是古代城市建筑师的风尚。

升起来划分陆地的白色泡沫
我们称为阿尔卑斯山,而你只见
一片黑暗处有枞树林。再过去
像一个深蓝碟子,是整个意大利。

在它许多美丽市镇中间,你凭着
沿屋脊一再出现的球形拱门,
可以指出罗马,基督教的首府;
这是罗马大会堂,圣彼得大教堂的穹窿。

而北方,一片平原升起来又斜着穿过
蓝色的雾霭,海湾到达处的那边
巴黎曲身向上像一座石塔的台阶,
在拥有一大群桥梁的河流上面。

和巴黎一起还有别的市镇,
用玻璃装饰,用铁镶边,但要再讲
它们一点什么,这次可嫌太多了:
其余且待下回告诉你们。"

罂粟种子的寓言

一颗罂粟种子上面是一座小屋。

里面有人，有一只猫和一只鼠。
外面院子里，一只狗对月亮吠叫。
然后，在他唯一的世界里，他一直睡到中午。

地球就是一颗种子，再没有什么。
那颗种子是行星，那颗种子是一颗星。
即使有千百万颗
每颗种子都有一座房屋和一个花园。

一切都在罂粟花顶。它们长得比干草还高。
孩子们穿跑过去，罂粟秆在摇晃。
而在傍晚，月亮升起来，
你听得见狗叫声，先很大后很轻。

在牡丹花旁

牡丹开花了，又红又白。
在它们芬芳的花枝中央，
成群的小甲虫聚集着。
花是它们放牧的山谷。

母亲站在牡丹花坛上
弯下身拉拢过一朵花来。
她长久凝视牡丹的国土，
那里短短一秒钟似乎有一年之久。

然后她放开手。她所想的一切
没有什么她害怕对自己说

或者对孩子们说。叶片上的阳光
在他们脸上投下了影,和有斑点的光。

信　念

信念这个词意味着,有人看见
一滴露水或一片飘浮的叶,便知道
它们存在,因为它们必须存在。
即使你做梦,或者闭上眼睛
希望世界依然是原来的样子,
叶子依然会被河水流去。

它意味着,有人的脚被一块
尖岩石碰伤了,他也知道岩石
就在那里,所以能碰伤我们的脚。
看哪,看高树投下的长影子;
花和人也在地上投下了影子:
没有影子的东西,没有力量活下去。

希　望

希望意味着,有人相信地球
不是一个梦,它是活生生的肉;
意味着视、触、听觉讲得出真实;
意味着我们这里所知道的一切
就像从大门望去的一座花园。

你不能走进去;但你看见它就在那里。

如果我们看得清楚,更聪明些,
便会知道我们将在世界的花园里
发现一朵新花或一颗未被发现的星。

有人却认为眼睛欺骗了我们;他们说
什么也没有,除了一层假象:
这些人正是没有希望的人。
他们认为一个人转过身去
全世界就在他背后消失了
仿佛一个灵巧的贼把它抓了去。

爱 情

爱情意味着,学会凝视自身
像凝视陌生的事物一样
因为你不过是许多事物之一。
有人能这样凝视他自身,
将会为他的心医治许多烦恼,
也许还不知道他已经这样做了。
然后,鸟和树会对他说,"朋友"。

于是他将要利用自身和事物
如此这般,以致每人发光,得到完成。
如果有时他发现自己并不理解,
那也没有关系。他的功课就是服务。

一次林中远足

树木那么大，树梢看不见；
落日的美丽的红焰
使每个枝端变成一枝烛。
小路上有小人在走。

让我们牵着手，抬起头来走
这样草林不会使我们迷路。
夜已开始把花朵封闭。
五颜六色泼向了天空。

那里金罐溢出了一顿晚宴，
从白杨树皮般灰白色的铜器中流出了红酒。
一辆云车满载礼物出现了——
礼物送给看不见的王，也许送给熊。

鸟的王国

那肥大的松鸡威严地飞起
翅膀像刀剑砍着林中的天空。

一只斑鸠回到逍遥的旷野。
一只乌鸦像飞机钢板闪闪发光。

大地对它们算什么？一片暗夜的湖。
在那浪头上，它们的港口留在光里。

一根羽毛从修饰着的鸟嘴落下
浮向深湖底有一星期之久。

但半路上它刷着某人的脸,
致以自由、高远的亮处的问候。

恐 惧

"父亲,你在哪里?林子好荒野,
灌木摇晃着仿佛在走动。
赤莲看来像中毒的火,
我们的脚下是狼窝。

你在哪里呀,父亲?夜没有尽头。
从今以后,黑暗将永远统治。
我们的面包是苦的,硬得像石头。
在这地方,旅客们死于饥饿。

可怕的野兽的呼吸逼近了。
热呼呼扑向我们的脸,有血的气味。
你在哪里?为什么你没有怜悯,父亲,
对你这些迷失在黑林中的孩子们?"

复 原

"我在这里——何必无意义地恐惧?
不久白昼将来临,黑夜将消退。

听吧:你听得见牧人的号角,瞧
那儿,星星在一道红痕上面失色了。

路是直的,我们几乎到了空地。
在村庄里,最早的钟在响,
篱笆上的公鸡开始长鸣。
沉睡的土地,丰饶而幸福,在冒汽。

这里仍然黑暗,你看见雾霭呈黑色旋涡状
弥漫了长满卵叶越桔的小丘。
但黎明踩着辉煌的高跷从河岸跋涉而来,
太阳的火球边滚边响。"

太　阳

所有颜色是用太阳做的,太阳包容它们一切。
所以颜色之源,太阳,本身没有一种颜色。
但是杂色的地球像一首诗或一幅画
以太阳为整体之艺术家的象征。

任何人要拿起画笔试图去
画地球,一定不可直视太阳
否则他会遗忘他所曾见到的一切,
只有一粒燃烧的泪水充溢他的眼睛。

让他跪下来把脸贴在草里然后
望着直到看见地球向上反射的光辉。
那里他将发现我们所丧失、所遗忘的一切宝藏:
星星和玫瑰,夕阳和旭日。

这是冬天

冬天像平时一样来到这山谷。
过了八个干燥的月份,落雨了,
稻草色的山峦变绿了一会儿。
在峡谷里灰色的月桂
把坚硬如石的根移植到花岗岩上
流水必定灌满了枯涸的河床。
海洋风搅拌着桉树,
为透明的塔楼所撕碎的云彩下面
刺目的光燃烧在船坞上。

这不是那个地方,你坐在一个咖啡篷下面
在大理石游廊上望着人群,
或者在面临狭街的窗口吹笛,
孩子们的凉鞋呱哒在有拱门的入口处。

他们听说有一片土地,空旷而广袤,
为群山所包围。于是他们去了,留下
荆棘丛般的十字架和营火的痕迹。
当时他们在一个山道的雪里过冬,
抽签,煮伙伴们的骨头;

于是后来一个可能生长槐蓝的热山谷
使他们觉得美丽。而那边,延伸过去的雾霭
形成海岸的湾汊,一个海洋在分娩。

睡眠:岩石和海角将躺在你体内,
荒芜的地带有一动不动的野兽的军事会议,
爬虫的大会堂,泡沫四溢的白茫茫一片。
睡在你的上衣上吧,你的马在啃草
一只苍鹰在测量一座悬崖。

醒来的时候,你将拥有世界的几部分。
西方,是一枚装有水和空气的空海螺。
东方,永远在你身后,是雪盖的枞树的空虚的记忆。
而从你伸开的手臂展开去
只有古铜色的草,是北方和南方。

我们是可怜的人们,备受折磨。
我们在各种不同的星星下面露宿,
你用一个杯从泥河里舀水
用小折刀切面包。
这就是那地方;是接受的,不是选择的。
我们记得我们来的地方有街道和房屋,
所以这里也得有房屋,一个马具工的招牌,
一个摆椅子的阳台。但是,一个国家空空洞洞,
地球的波动皮肤下面的雷声,
拍击的浪涛,一队鹈鹕,使我们一文不值。
我们从另一个海岸带来的花瓶
仿佛是某个以蜥蜴和橡实面为生的

失踪部落的被挖出的矛头。

而我正在走遍这永恒的大地,
渺不足道,倚靠着一根手杖。
我走过一座火山公园,躺在一眼泉水边,
不知道如何表现无时无地不在的一切:
我所贴附的大地在我的胸膛和腹部下面
是如此坚固,以致我感谢
每一颗卵石,我不知道我所听见的
究竟是我的还是大地的脉搏,
那时看不见的绸衣的边缘从我身上拂过,
手不论放在哪里都触着我的手臂,
或者很久以前一度为酒而发的轻笑,
在木兰花上点着灯笼,因为我的房屋很宽大。

(伯克利,1964)

没有名字的城*

(一)

谁会尊敬这没有名字的城,
死了那么多人,另外一些人在远方
淘金子或者做军火交易?

哪个缠桦树皮的牧人的号角
在波纳里山头吹响了失踪者的记忆——
流浪汉和探路者,一个废弃棚屋的弟兄们?

这个春天,在沙漠里,在一个遥远营地的旗竿那边,
在一阵伸向红色和黄色山岩的沉默里,
我听见一个灰灌木丛中有蜜蜂嗡鸣。

流水带走了回声和筏木。
一个戴鸭舌帽的男人和一个戴方头巾的女人
用他们的四只手紧靠着舵桨。

在图书馆里,在一个漆着十二宫的高塔下面,

---

* 指立陶宛的维尔诺。

康特里姆①微笑着,嗅一嗅他的鼻烟盒,
因为尽管出了梅特涅,一切尚未消失。

而在弯曲的小巷里,在铺沙公路中央,
犹太人的小车推走着,一只黑松鸡喔喔长啼,
站在"大军"丢弃的一顶胸甲兵头盔上面。

(二)

在死谷里我沉思各种不同的发型,
沉思一只在学生舞会上转移聚光灯的手
在那座再没有声音传来的城市里。
矿泉水没有响起最后的喇叭。
一颗散开的熔岩沙沙作响。

在死谷里盐从枯涸的河床闪着光。
保卫自己,保卫自己,血的滴答声说。
坚硬岩石无济于事,从中产生不了智慧。

在死谷里没有鹰隼冲天飞起。
一个吉普赛的预言应验了。
在一个有拱廊的小巷里,我那时读着一首诗,
是住在隔壁的某人写的,题名为《一小时的思考》②。

---

① 康特里姆是维尔诺大学的图书馆管理员,一名热忱的共济会会员,一七九四年起义的参加者,在进步学生中间颇有影响。当时伟大诗人亚当·密茨凯维奇曾是该校学生。
② 《一小时的思考》是朱利乌茨·斯沃瓦茨基早年的一首诗,充满哀伤情调。参见《关于独立岁月的篇页》的题注。

我久久望着后视镜,望着一个步行
三百哩的人:一个骑自行车上山的印第安人。

(三)

吹着笛,打着火把,
还有一面鼓,咚咚咚,
瞧呀,在前排,一个死在伊斯坦布尔的人①
和他的情人手挽手走着,
燕子在他们头上飞。
他们拿着从"绿湖"折来的
叶子和花束所装饰的桨
走近了走近了,走在碉堡大街上——
接着突然间什么也没有,只有一缕白云
吹过了"古典文学学者俱乐部,
文学写作分部"。

(四)

书籍,我们读了一整图书馆。
国土,我们访问了许多个。
而战役,我们打输了许多次。
直到我们不在了,我们和我们的马莉拉②。

---

① 指密茨凯维奇,他一生为祖国的自由独立而斗争,克里米亚战争期间组织军队反对沙俄未果,后染上瘟疫,卒于君士坦丁堡。
② 马莉拉是密茨凯维奇为他的第一个情人马丽娅·乌列扎卡起的名字。后来她嫁给一个伯爵。

（五）

理解和怜悯，
我们最珍惜。
别的还有什么呢？

美和吻，
名望及其奖赏，
有谁来关心？

医生和律师，
发福的上校，
六尺土地。

指环，皮裘和睫毛，
望弥撒，
长眠不起。

甜蜜的双乳，晚安。
一直睡到天光，
没有蜘蛛。

（六）

太阳落到"热情的立陶宛小屋"①上面

---

① "热情的立陶宛小屋"，指一个共济会小屋。共济会在十八世纪和十九世纪早期在东欧和中欧的进步政治生活中起过重要作用。

给"由大自然构成的"风景点燃了火:
蜿蜒在松树丛中的维利亚;蔡米安那家的黑蜜;
麦雷赞卡一家闲荡在蔡加里诺草场上,
号衣男仆已拿进了底比斯的烛架,
作古正经地拉拢了一层层冬日的窗帘,
这时我觉得我是第一个进门,脱下手套,
却看见所有的眼睛都盯在我身上。

(七)

当我摆脱了悲伤
和我所追求的光荣
(我同它们不相干),

我被凶龙带着
经过国土,海湾,和山峦,
被命运,或者被发生的一切。

哦是的,我要成为我。
我眼泪汪汪向镜子祝酒
并学习我自己的愚蠢。

用指甲,粘膜,
肺,肝,肠和脾
做成了谁的房屋? 我的。

那么还有什么新鲜的?
我不是我自己的朋友。

时间把我切成两半。

纪念碑盖满了雪,
请接受我的礼物。我流荡着;
到哪儿去,不知道。

(八)

恍惚,燃烧,辛辣,咸苦,强烈。
这就是非实体性的筵席。
在任何地方的一团云彩下面。
在海湾,在高原,在枯涸的沟壑里。
没有密度。没有石头的硬度。
连科学总结都淡化成稻草和烟。
天使合唱队乘一粒石榴种子飘浮过去。
他们的闲散和喇叭的吹奏不是为了我们。

(九)

处处有光,它变化不定。
我也爱光,也许只爱光。
但太高太亮的东西非我所能有。
因此当云彩呈玫瑰色时我想起同高度的北极光
在长着桦树和松树和脆地衣的国土
在晚秋,在白霜下面当最后的牛奶杯
腐朽在枞树林里,猎狗追逐着自己的回声
寒鸦回翔在一座巴兹尔式教堂①的塔楼上。

---

① 圣·巴兹尔(330—379),东正教神学家,曾建教堂与阿里安教派相抗衡。

(十)

未经表白,未曾诉说。
怎么回事?
人生短促,
岁月越来越快,
不记得是发生在这个还是那个秋天。
穿着家纺棉绒裙的扈从,
辫子摔在一边,站在栏杆上的傻笑,
楼上便器上的蹲坐
正当雪橇叮当响在门廊圆柱下面
穿着狼皮长着蓬松胡子的人们进门之前。
女性的人类,
儿童的鼻涕,张开的双腿,
纠结的头发,沸溢的牛奶,
恶臭,冻成块状的粪便。
而那些世纪,
可以设想夜半鲱鱼的气味
而不是玩棋戏之类
或者跳一场智力的芭蕾舞。
还有栅栏,
还有怀孕的羊,
还有猪,禁食者和粗食者,
还有用符咒治好的母牛。

（十一）

不是"最后的审判"，而是河边的露天集市。
小口哨，泥鸡，糖制的心。
于是我们跋涉在化雪的烂泥里
去买斯摩尔戈尼区的面包圈。

一个算命人在喊："瞧你的运气，你的星宿。"
一个玩具魔鬼在一管鲜红盐水里上下跳动。
另一个，橡皮做的，吱吱叫着，断气在半空，
在你买过奥托王和麦露辛①的故事书的报摊旁。

（十二）

为什么那个毫无防御的、纯洁得像一个被遗忘部落的
结婚项圈一样的城市不断呈现在我面前？

像七百年以前在铜色沙漠的图齐古特市②串起来的蓝
色和棕红色的种子。

赭石磨成石头的地方，仍然期待它想打扮的额头和颧
骨，虽然整个那段时间没有一个人。

我身上有什么邪恶，什么怜悯，使我配受这份奉献呢？

---

① "奥托王和麦露辛"是中世纪传统故事的人物。
② 美国亚利桑那州一市镇。

它站在我面前,准备就绪,连烟囱里的炊烟也不缺
少,一声回声也不缺少,当我迈过隔开我们的河流。

也许安娜和多拉·德鲁齐诺访问过我,从亚利桑那州内
三百哩开外,因为除了我再没有人知道她们曾经活过。

她们在我前面小跑在河堤大街上,两个天性优雅的萨
摩姬齐亚的长尾小鹦鹉,夜间她们便拆散她们老处女
的灰发辫。

这里没有早也没有晚;一年四季,一天二十四小时,
都是同时来临的。

黎明时分粪车排长队离开市区,市府职员在城门口用
皮袋子收过路税。

"信使号"和"迅捷号"响着机轮,逆流驶向威尔基,
路过的英国小划艇那一边,一名划手被激浪冲倒,
四肢张开地跌在他的双桨上。

在圣彼得和圣保罗的教堂里,天使们低垂着厚厚的眼
睑,对一个思想猥亵的尼姑微笑。

长着颔毛,戴着假发,索拉·克洛克太太坐在柜台旁,
教导她的十二个女学徒。

而整个日耳曼大街向空中抛出散开的布匹,准备去
死,去迎接耶路撒冷的征服。

暗黑而又庄严,一条地下河叩击着大教堂的地窖,在小圣卡西米尔的陵墓下面,在壁炉里给烧得半焦的橡木下面。

肩头扛着仆人用的篮子,芭芭拉穿起丧服,从圣尼古拉教堂的立陶宛式弥撒回到巴克茨塔大街的罗默家的房子。

多么灿烂! 三座十字架山和别基茨山的雪,不会为这些短促生命的呼吸所融化。

我现在知道什么呢,当我拐到阿尔申纳尔斯卡街,又一次向世界无用的一端张开眼睛?

我跑着,绸衣沙沙作响,从一间房到另一间房跑个不停,因为我相信存在着最后一个门。

但是,嘴唇的形状和一枚苹果和一朵佩在衣服上的花,就是一个人被允许知道和可以拿走的一切。

大地,既不慈悲也不邪恶,既不美丽也不残暴,天真地坚持向痛苦和欲望开放。

而馈赠是枉然的,如果它后来在记忆的闪焰和长夜里,不是引起较少的苦味而是更多。

如果我不能那样耗尽我的生命和他们的生命,以致过去的呼喊终于转化成一种和谐。

像斯特拉珍的旧书店里的一本《诺贝勒·扬·德波洛格》①，我被置于两个熟悉的名字中间而长眠。

枝繁叶茂的古冢上面的塔楼变小了，仍有一阵几乎听不见的——是不是莫扎特的《安魂曲》——音乐。

在不动的光里我动着双唇，也许我甚至高兴想讲的话并没有讲出来。

(伯克利,1965)

---

① 《诺贝勒·扬·德波洛格》是一篇诗体故事,作者乌拉季斯拉夫·苏洛柯姆拉是一个被遗忘的诗人,曾在维尔诺工作过。

那些通道

我打着火把探踏那些通道
听见水滴在破石板上。
深山里面。壁龛上是我朋友们的半身像，
他们的眼睛是大理石雕的。只有光和影
在他们脸上投下了一丝短暂的生活的苦笑。
再往里走，走进了通向黑暗深处的曲径，
那里没有什么地下精灵，只有我脚步的回声，
直到火把熄灭了，就在那没人知道的拐弯处，
我注定要在那儿变成石头。
而在入口处，它为一次滑坡堵塞了，很快被忘记了，
在一条从冰河泻下来的溪流旁的枞树林里
一头母鹿将分娩她长斑点的小鹿，风将
在别人的眼前，像从前在我的眼前一样，
展现那纷乱的叶状旋涡。
早晨的每一样欢乐又被发现了，
还有从大果园摘下来的那颗苹果的每一口品尝。
于是我可以宁静地离开我爱过的一切。
地球上还会有水槽，双耳酒罐，黄铜枝形吊灯。
有朝一日，当一群追熊的猎狗
闯进了一个裂口，遥远世代的人们

破解了我们留在壁上的劲瘦的字母时——
他们将骇然发现我们知道那么多他们自己的欢乐，
尽管我们不足道的宫殿已经变得那么没有意义。

（俄勒冈－伯克利，1964）

一个故事

现在我想讲米德尔的故事;我且放进一点寓意。
他倒霉碰上了一头灰熊,又凶又猛
经常从小屋的檐下撕抢鹿肉吃。
不仅如此。他不理人,也不怕火。
一天夜里,他开始捶门了,
还用爪子打破了窗,于是人们蜷成一团,
把猎枪放在身旁,等待着黎明。
晚上他又来了,米德尔近距离射中了他,
射在左肩胛骨下面。他于是又跳又跑,
跑得像一场风暴:一头灰熊,米德尔说,
即便被射中了心窝,也会不停地跑,
一直跑到倒下来。后来,米德尔沿着血迹
找到了他——他这才懂得了
这头熊的古怪行为的真实原因:
这畜牲的口腔给脓肿和龋齿烂掉一半。
成年累月的牙痛啊。一种不可言喻的痛楚,
经常逼得我们胡作非为,
使我们产生盲目的勇气。我们没有什么可丢失,
我们走出了树林,未必希望
天上会下来一个牙医生把我们治好。

(伯克利,1969)

Veni Creator[*]

来吧,圣灵,
使草披靡或者不,
出现在火舌中我们的头颅上面或者不,
在收干草的季节或者当人们耕作在果园里或者当雪
掩盖了西埃拉·内华达山脉的伤残枞树的时候。
我不过是一个人:我需要看得见的符号。
我构建抽象观念的楼梯,容易疲劳。
你很清楚,我多次要求,教堂里的雕像
为我抬起它的手,只一次,仅仅一次。
但我懂得符号必须是人形,
所以在人间任何地方叫一个人,
可不是我(我毕竟还有点体面)
让我在望他的时候对你感到惊异。

(伯克利,1961)

---

* 早期天主教颂诗的起句,意即:"来吧,造物主。"

当月亮升起来

当月亮升起来,穿花衣的妇女漫步时
我被她们的眼睛,睫毛,和世界的整个安排打动了。
依我看来,从这样一种强烈的相互吸引里
终归会流出最后的真理。

(伯克利,1966)

多么丑啊

多么丑啊,那些老家伙,连同他们
长在胸口和肚子中间凹窝里的毛,
因坏牙而引起的愁思,烟草的臭气,
以及他们肥胖而又有经验的微笑。

他们洗着牌,吹着年轻时
流行的探戈舞曲,追忆着
球赛和阳台和丛林里的冒险。

人们很可能会怜悯
和他们鬼混的女人们,她们
无疑是为某种急需所迫。

但他们却同样值得怜悯,
因为他们和那些女人鬼混,
那些漂亮的发臭的水仙,
如果你摇晃她们一下,
喉咙里就格格一串干笑,
满肚子是放荡的算计。
然后她们到镜子面前去梳自己的头发。

(蒙格龙,1959)

在路上

传唤什么东西?传唤什么人?全能的上帝,你盲目地穿过羊毛似的烟霞的天边,

那滨海省份的堡垒上面铜色鳞甲的海市蜃楼,

穿过燃烧在河床上的藤蔓的烟雾或者穿过朦胧教堂的蓝色的没药树,

向永远为话语所掩蔽的达不到的小山谷,那里我们两个裸体跪着,为一个不真实的春天所净化。

没有智慧的苹果,在漫长的环行路上,从地面到天空,又从天空到陶工的泥土的干了的血。

被剥夺了预言的继承权,中午在一棵比任何希望更坚强的松树下面吃着面包。

(圣保罗-德旺斯,1967)

符　咒

人的理性是美丽而无敌的。
没有栅栏，没有铁丝，没有书籍的纸浆，
没有流放的判决能够胜过它。
它用语言建立普遍的观念，
引导我们的手，我们好用大写字母写
真理和正义，用小写字母写谎言和压迫。
它把事物之上的一切放在事物之上，
它是绝望的敌人和希望的朋友。
它不分犹太人和希腊人，不分仆人和主人，
把世界的产业交给我们来管理。
它把简朴而透明的措词从
被折磨的话语的污秽的嘈杂中拯救出来。
它说，万物在太阳下面都是新的，
它打开了往昔的凝结起来的拳头。
美丽而又年轻的是"菲洛－索菲娅[①]"
和她为善服务的助手，诗。
迟到昨日大自然才庆祝她们的诞生，
这消息由一头独角兽和一个回声传到山里来。

[①] "哲学"一词的译音。为了拟人化，原文将该词拆开。

她们的友谊是辉煌的,她们的时间是无限的。
她们的敌人遭到了毁灭。

(伯克利,1968)

我忠实的母语

忠实的母语啊
我一直在侍奉你。
每天晚上，我总在你面前摆下你各种颜色的小碗
你就可以有你的白桦，你的蟋蟀，你的金翅雀
像保存在我的记忆里一样。

这样持续了多少年。
你就是我的故国；我再没有别的故国。
我相信你还是一个信使
在我和一些好人之间
即使他们很少，二十个，十个
或者至今还没有出世。

现在，我承认我的疑虑。
有时候我觉得我浪费了我的一生。
因为你是低贱者的、无理智者的
一种语言，他们憎恨自己
甚至超过憎恨其它民族，
是告密者的一种语言，
是因自己天真而患病的

糊涂人的一种语言。

但,没有你,我又成什么人啊?
不过是遥远国家的一名学者,一个
没有顾虑和屈辱的、功成名就的人。
是的,我没有你又会是什么人?
不过是一个哲学家,像任何别人一样。

我懂得,这指的是我的教育:
个性的荣誉被剥夺了,
命运铺开一面红地毯
在一出道德剧的罪人面前
而在亚麻布的背景上一盏魔灯投出了
备受天上人间酷刑的图象。

忠实的母语啊,
也许毕竟是我试图拯救你。
所以我要继续在你面前摆下你各种颜色的小碗
尽可能使它们明亮而纯净,
因为在灾祸中所需要的正是一点点秩序和美。

(伯克利,1968)

季 节

透明的树,蓝色的早晨飞满了候鸟,
天气还很冷,因为山里还有雪。

(伯克利,1971)

一个诗的国度

仿佛我没有眼睛,却得到了一个颠倒的望远镜,世界移开了,一切东西变小了,人,街道,树木,但它们并没丧失鲜明性,而是浓缩了。

过去我有过这样的时刻写诗,所以我知道距离,无动于衷的沉思,装作一个不是"我"的"我",而今它永远像"我"了,我自问这是什么意思,是不是我走进了一个长久不变的诗的国度。

一度棘手的事情变容易了,但我不觉得有必要在写作中传达它们。

现在我健康状况良好,原先我却病着,因为时间在飞奔,而我苦于忧虑将要发生的一切。

每分钟世界的惨状使我惊讶;它是那样可笑,我简直不懂文学怎么会希望来同它较量。

我每分钟一摸就在肉里感到创痛,我抑制着它,并不要求上帝转移它,因为他为什么应当把它从我身上移开,如果他不把它从别人身上移开的话?

我梦见我呆在水上一片狭礁之上,那里有大海鱼在游
　　动。我害怕我向下一望就会跌下去,所以我转过身来,
　　用手指抓住粗糙的石墙,背对着海慢慢移动,我到达了
　　安全地带。

我不耐烦,容易生气,由于时间消磨在洗衣弄饭之类
　　的琐事上面。现在,我小心翼翼地切着葱,挤着柠檬,
　　准备各种各样的调料。

(伯克利,1977)

记　事

我的糊涂历史可以写上好多卷。

有几卷专门写不知不觉的行为,
就像一只灯蛾,明明知道,
还向蜡烛的火焰扑过去。

还有几卷将写消愁解忧的办法,
那没人理睬的(尽管是个警告)的耳语。

我将另外来写满足和骄傲,
当我也成为它们的迷醉者之一,
那些趾高气扬而又深信不疑的阔步者们。

但是所有记载都只有一个主题,欲望,
如果只是我自己的——可是不,决不是;哎,
我身不由己,因为我想学别人一样。
我害怕我身上野蛮而猥亵的东西。
我的糊涂历史不会写了。
只说一点,为时已晚。而真实总是麻烦的。

(伯克利,1980)

一件错误

我原以为:这一切只是准备
学着最终怎样去死。
朝朝暮暮,在一棵枫树下面的草地上
瑙拉脱掉裤子躺着,头枕在一堆山莓上,
而菲龙高高兴兴,在小河里洗澡。
多少早晨,多少岁月。每一杯酒,
瑙拉和海,陆地和岛屿,
我原相信,使我们更加接近一个目标
而且一想到那个目标,就应当加以利用。

但是,我的街上有一名截瘫患者
人们用他的轮椅推着他走
从荫处走到阳光下,又从阳光下走到荫处,
他望望猫,望望树叶,望望汽车上的铬钢,
喃喃自语道:"Beau temps, beau temps."①
千真万确。我们有一段美妙的时光
只要时光既然是时光。

(蒙格龙,1957)

---

① 法语:好天气。直译为"美妙的时光"。

读日本诗人一茶*

一个好世界——
露水滴落着
一滴,两滴

就是那么几笔墨迹。
白雾巨大的静默,
在山丛中醒来,
鹅群在叫唤,
井桶升降器嘎吱响着,
屋檐上凝聚着微滴。

也许还有那另一座房屋。
看不见的海洋,
直到正午雾如
大雨般从红杉的枝头落下,
海妖在海湾下面哼唱着。

诗只能写出这些,没有多的。

---

* "日本诗人一茶"即小林一茶(1763—1827),著名俳句诗人。主要作品有《病日记》(1802)、《我春集》(1812)、《七番日记》(1918)、《我之春》等。

因为我们并不真正知道讲话的人,
他的骨头和肌肉是什么样子,
他的皮肤的疏松性如何,
他内心感觉如何。
以及这究竟是茨莱姆巴尔克村
(我们经常在它上面发现花花绿绿
像特里萨·罗茨科甫斯卡的服装的蝾螈)
还是另一个大陆和不同的人名。
科达宾斯基,萨瓦达,伊林,美兰尼亚。
这首诗里没有人。仿佛它是
靠地点和人物的隐匿而生存。

一只杜鹃在叫
为了我,为了山
为了我,为了山

坐在他那崖边的单坡顶小屋下面
倾听瀑布轰响于狭谷,
他面前有林山的起伏
和落山的夕阳
于是他想到,怎么杜鹃的声音
老在这儿那儿啼泣?
这也可能不是事物的常态。

在这个世界上
我们走在地狱的屋顶上
凝望着花朵

知而不言。
人就这样忘却。
讲出来的一切气势沛然。
没有讲出的一切则趋于泯灭。
舌头出卖给触觉。
我们人类以温暖与柔软而存续:
我的小兔,我的小熊,我的小猫。

根本不是冻结黎明的一阵寒颤
不是对即将来临的白昼的恐惧
不是监工的鞭子。
根本不是冬天的街道
不是世上任何人
不是良心的惩罚。
根本不是。

(伯克利,1978)

致罗宾逊·杰弗斯[*]

假如你没有读过斯拉夫族的诗人们,
那么会更好些。那儿没有什么可让
一个苏格兰—爱尔兰的流浪者寻求的。他们生活在
一年年延长的童年里。对于他们,太阳是
一个农夫的通红的脸,月亮从云层窥探出来,
银河像一条白桦路使他们开心。
他们渴望永远很近、永远
近在咫尺的王国。然后,在苹果树下,
天使们穿着家纺亚麻服分开树枝而来,
而在集体农庄的白桌布旁
热忱和爱慕在盛情款待(有时落到了地上)。

而你来自浪花喧腾的石岛。来自石南丛生的荒地,
那儿人们埋葬一个战士,往往敲碎他的骨头
以免他向活人作怪。来自你的祖先们一言不发
匆匆划向岸边的海夜。
在你的头上,没有面孔,不论是太阳的还是月亮的,
只有星系的悸动,新的肇始、新的毁灭的

---

[*] 此首与之后五首诗为米沃什自选集《拆散的笔记簿》之外的散诗,中译收入漓江出版社《拆散的笔记簿》1989 年版。

永久不变的狂热行径。
你的一生都在倾听海洋。黑色的恐龙
跋涉而来,一片磷光闪闪的野草的紫色地带
一起一落在浪头上如在梦中。而阿伽门农①
航渡沸腾的深渊来到宫殿的台阶
让他的血喷溅到大理石上。直到人类消失了,
纯粹的石化的地球为海洋所撞击。

薄嘴唇,蓝眼睛,没有皈依或希望,
在可怕的上帝、世界的肉身面前。
祷告听不见。玄武岩和花岗岩。
在它们上面,一只猛禽。唯一的美。

我跟你又有什么关系?从果园里的小径,
从一个自发的诗歌班和一个圣体匣的微光,
从悔恨的花床、河边的小山、一个热情的立陶宛人
宣告童年的书本里,我来了。
哦,凡人的慰藉,无用的教条!

但是,你不知道我所知道的,地球比
赤裸的元素更能教人。没有人给自己
一双神的眼睛而能免咎。你却那么勇敢
在一片空虚中向恶魔呈献牺牲;有天神和雷神
有复仇女神在空中尖叫,有狗的恐怖
当冥界女神携其死者扈从临近了。

---

① 阿伽门农系传说中希腊远征特洛伊大军的统帅。他从特洛伊胜利归来后,即为其妻及情夫所杀。

447

不如把太阳和月亮刻在十字架的接合处
像我们家乡所做过那样。不如给白桦和枞树
以女性的名称。祈求保护
躲避那缄默而狡诈的威力,
要比像你当年那样宣告一件非人事物更好些。

邂 逅

黎明驾驶在结冰的土地上
有如一群红鸟在暮色中飞翔

有人挥起手来指指点点
一只野兔猛然窜过了路旁

那是久远的往事了而今
野兔和挥手人都已不在世上

哦亲爱的他们哪儿去了
他们去到了何方

那挥手那奔驰还有
那卵石沙沙滚响

我这样问不是由于悲伤
而是感到人生凄凄惶惶

（1936）

你降下了灾祸

领着一帮胁肩谄笑之徒
倒行逆施黑白混淆
你给老百姓降下了灾祸
还在他们的苦难面前哈哈大笑。

全世界向你俯首帖耳
颂扬你的英明崇拜你的权变
给你佩上铸就的金质勋章
暗自庆幸自己又活过了一天

你却忐忑不安只因
这一切诗人没有淡忘
你杀害了一个又会出现另一个
你的言行一笔笔记在帐上
一个冬晨一根压弯的树枝
一条绞索对你最是恰当

告　别

向火海里的城市告别
我回头望一望身后的路
让荒草埋掉我们的脚印吧
我说让死者去喃喃话旧
让我们把幸福和邪恶一齐抛却
我们是慷慨激昂的新生代
走吧让火焰般的刀剑
为我们开辟一个新世界

（1944）

祭　奠

我没能把你救活但请听我说
请耐心听完我这几句吧
我羞于另外找话罗嗦
我的确不喜于遣词造句
只能悄悄对你说像树像云朵
你的死使我勇气倍增
尽管你从此长辞了人世
你告别旧时代以为新时代来临
错把仇恨的灵感当作诗情画意
错把盲目的力量当作利甲坚兵

浅浅波兰河水流过了山谷
一座大桥伸向白云深处
这座破城已经疮痍满目
你我对话时风从你坟头
吹来海鸥唳鸣如泣如诉

救不了国家救不了人民
诗又有什么用呢试问
对虚伪的官腔口呆目瞪

快被割断咽喉的酒鬼哼哼唧唧
天真的少女这就是你们的课文

我期待人间的好诗
虽然我对它一窍不通
我发现它可惜为时太迟
我从它找到了方向
只有它才能把我救治

人们爱在坟头撒些小米和罂粟
来祭奠化鸟归来的亡灵
我这里向你献上这本小书
纪念你在人世来去匆匆
以免你的游魂再把我们光顾

窗 外

一天黎明我望向窗外
只见晨光沐着苹果树小小一棵

又一天黎明我望向窗外
只见小树上长满了苹果

多少年月过去了
我记不起我梦见了什么

福廷布拉斯的挽歌*

现在没人打扰我们了王子我们可以对谈一下
虽然你躺在台阶上只看见一只死蚂蚁
除了光线破碎的黑太阳什么也没有
一想到你的双手我就忍不住微笑
而今它们搁在石头上如跌下来的鸟窠
它们像从前一样没有防护结局就是这样
双手摊开宝剑扔开头颅分开
武士的脚穿着柔软的拖鞋

你没当过兵却有一个士兵的葬礼
我略知一二的唯一的礼仪
没有蜡烛没有歌唱只有大炮引线和爆响
绸纱拖地头盔军靴战马鼓鼓我不知精致为何物
这些将是我开始统治之前的演习
人必须抓住城市的脖子把它摇晃几下

---

* 本诗为米沃什的译诗，原作者为波兰诗人茨比涅夫·赫伯特。原文为波兰文，由米沃什译成英文，被收入查尔斯·汤姆林森编《牛津英译诗选》。福廷布拉斯系莎士比亚名剧《哈姆莱特》中一角色：哈姆莱特决斗死后，由福廷布拉斯出面收拾残局，本诗是作者以他的口吻给哈姆莱特王子写的挽歌。

看来你不得不毁灭哈姆莱特你不适于生活
你相信透明的观念却不相信人类
永远抽搐着如在睡梦中你追猎过喷火怪兽
你像狼似的咬啮空气只为了呕吐
你不懂人情世故甚至不知如何呼吸

现在你安息了哈姆莱特你完成了你要做的事
你安息了剩下来也不是沉默而是归我动手
你以漂亮的一刺选择了较容易的角色
可英勇的死亡又何足道如与永恒的守望相比
与窄椅上一个人手中的冷苹果相比
与蚁冢和钟面之类景物相比

再见王子我另有任务一套改建下水道的计划
和一道对付娼妓和乞丐的法令
我还须制订一个更好的监狱制度
既然你曾经公正地说过丹麦是一座监狱
我去办事去了今夜诞生了
一颗名叫哈姆莱特的星我们将永不相见
我的后事将不配写成悲剧

我们不能彼此问安道别我们住在群岛上
那片水那些话它们又能怎么办又能怎么办啊王子

尝　试*

坐在桌旁你听见浴室里一个女人的声音
你日夜飞翔于沙漠之上
像从遥远基地归来的拿撒勒人
你久病初愈就上了一辆电车
你在数不清的桥头伫立过
这都是事实不相连贯的事实

一只旧手表
一只手榴弹的塑料外壳
纪念物本来是联系你和时间的
它们只是无能而又无用的废物
你并未隐于物
只不过留在里面
有如林中的游魂

你凝视一丛矮树
想起一段空白的时间
却忘掉那些恐怖的时刻

---

* 本诗为米沃什的译诗，原作者为波兰诗人亚当·华齐克。原文为波兰文，由米沃什译成英文。